蒲公英非正规学前教育丛书

幼儿教师培训手册

主编：张燕

主要撰写人：马楠、向导、张怡、刘莉

具有顽强生命力的蒲公英，
不管是落在青青的草地上还是落在悬崖峭壁上，
都会顽强地生长。
其实，从某种意义上来说，
非正规学前教育组织本身就是一朵蒲公英，
也是孩子的乐园……

图书在版编目（CIP）数据

幼儿教师培训手册/张燕主编. —北京：北京师范大学出版社，2013.1（2014.10 重印）
（蒲公英非正规学前教育丛书）
ISBN 978-7-303-15733-4

Ⅰ. ①幼… Ⅱ. ①张… Ⅲ. ①幼教人员－师资培训－手册 Ⅳ. ①G615－62

中国版本图书馆 CIP 数据核字（2012）第 282226 号

营 销 中 心 电 话　010-58802181 58805532
北师大出版社高等教育分社网　http://gaojiao.bnup.com
电 子 信 箱　gaojiao@bnupg.com

出版发行：北京师范大学出版社　www.bnup.com
　　　　　北京新街口外大街 19 号
　　　　　邮政编码：100875
印　　刷：北京易丰印捷科技股份有限公司
经　　销：全国新华书店
开　　本：148 mm×210 mm
印　　张：5
字　　数：125 千字
版　　次：2013 年 1 月第 1 版
印　　次：2014 年 10 月第 2 次印刷
定　　价：12.00 元

策划编辑：张丽娟　　　责任编辑：谢　影
美术编辑：袁　麟　　　装帧设计：锋尚制版
责任校对：李　菡　　　责任印制：陈　涛

我是一颗蒲公英的种子

早年间流传一首蒲公英的童谣："我是一颗蒲公英的种子，谁也不知道我的快乐和悲伤，爸爸妈妈给我一把小伞儿，小伞儿带着我飞翔、飞翔……"这是一部影片的主题歌，反映了伤感年代影片中的孩子的心声。今天的孩子应该比那个年代的孩子要幸福很多，但流动儿童随着爸爸妈妈漂泊、流动这一点是与影片中的孩子有相似之处的。书稿以蒲公英本身的生命力来比喻非正规学前教育组织和家长在漂泊、流动中的顽强，寓意更加深刻的是有一群大学生志愿者关注现实社会问题，身体力行参与变革的社会实践，边行动边思考，秉承先辈平民教育的思想和精神，探寻一条适合流动儿童乃至广大农村幼儿教育的道路。

本套丛书是基于写作者即四环游戏小组的大学生志愿者数年来从事非正规学前教育实践和研究探索，将实践经验加以梳理转化为可操作的培训手册，使没有专业背景却有志于以流动儿童或是农村儿童为对象从事学前教育的人员，可以边做边学，同时体会其中蕴含的教育理念，不断实践，也能够成为一个基本合格的幼儿教师。

全套丛书是一个有机联系的整体，由《幼儿教师培训手册》《幼儿教师常用资源包》和《家长育儿读本》三个分册组成，特点如下：

第一，丛书在语言风格上比较亲切、自然、娓娓道来，感觉像一个熟悉的朋友在与你面对面促膝交谈，特别是阅读丛书开始部分的文字，会一下子拉近作者与读者间的关系，抓住老师和家长的心。尤其适合文化水平不是很高的从业人员包括流动儿童的家长，针对性较强，通篇没有生涩、难懂的专业术语，有的是通俗易懂的循循引导，交流、对话。

第二，丛书的编排结构清晰，主题突出，层次分明，内容立体丰满。例如，《幼儿教师培训手册》从引导读者认识非正规教育到认识非正规学前教育的教师角色，从丰富贴切、源自实践的家长工作到学前教育与社区的关系，到非正规学前教育活动的组织、孩子的安全问题；《家长育儿读本》则从孩子一日生活的吃喝拉撒到可供家庭开展的亲子阅读、亲子游戏、幼小衔接等问题，内容翔实、具体，有说服力。

第三，丛书作为培训手册，其突出亮点是双向互动式的培训方式，通常在生动、鲜活的案例之后呈现有对话栏，可以让受训的老师或家长有一个思考的空间，将自己的育儿经验融入阅读之中，以学习主体的身份去体会感悟，因而有助于提升培训的实践效果。

第四，丛书具有较强的操作性。例如，"我可以这样做""一日生活中的教育"等，差不多是手把手地提示引导，很实在，教师和家长看了就能用，尝试着如法实施。不像有些书写了很多，如同雾里看花，看完也不明白做什么和如何做。

第五，针对性强。特别是面向农村儿童或流动儿童家庭中的一些问题，例如，"多子家庭""不要忽略在老家的孩子"等，引导多子女的农村和农民工家庭平等尊重地对待每一个孩子，包括留守在老家的儿童。对于老师来说，也实际地呈现了做家长工作的具体内容和方式。

这套蒲公英非正规学前教育丛书是北京师范大学流动儿童教育问题研究中心组编，由张燕主编，三册的主要撰写人员分别是：《幼儿教师培训手册》，马楠、向导、张怡、刘莉；《幼儿教师常用资源包》，杨希、刘莉、张怡、向导、李相禹、杨剑宇、吴美仪、马楠；《家长育儿读本》，杨希、李相禹、李媛、于晓晴。丛书编写前后历经三年时间，初稿完成后，又在实践中反复检验调整，不断修订完善。樊燕茹、田彭彭、肖月佳、白杨、郭英伟、丁艳梅等参与了部分后期修订工作。丛书编写之初，得到了全国妇儿工委和联合国儿童基金会的肯定和支持，在此表示感谢。

丛书成书和出版恰逢国家关注学前教育特别是重视农村学前教育的当下。这对于较少享有改革成果的广大农村和在城乡之间流动的进城务工人员，无疑是个喜讯。然而，他们的子女接受学前教育问题不应以城市正规教育为参照，而是要真正适合这个人群的需要和实际，走出一条教育回归自然和生活、回归平民化的道路。希望这部丛书能像蒲公英的种子四处飞翔生根，为这个占人口最大比例的社会弱势人群子女的学前教育问题的解决提供一种思路，并能够在实际运用改进实践中发挥应有的作用。

张 燕

2012 年 11 月

目　录

看到"蒲公英非正规学前教育丛书"中的《幼儿教师培训手册》，你想到了什么呢？

你是不是想起了童年时代田间、沟谷、山坡、草地、路旁、河岸、沙地随处可见的白色小花，它没有桃李的花朵娇艳，没有玫瑰、月季芬芳，但它传播着春天的气息，散发着顽强的生命力，不管在哪里都能看到它那倔强可爱的身影。小时候，你是不是时常摘下几朵插在编好的草帽中，再欢快地簇拥回家？你是不是时常折下几枝放在高空长风中，任绒毛随风飘散。

孩子们，就像这一朵朵的蒲公英，田边、地头、城市里的摊位边、父母的三轮车上随处可见他们可爱的身影。可能生活的环境不尽如人意，但他们脸上依然洋溢着快乐的笑

容。当你看到身边这些到处奔跑、玩耍的孩子时，你是不是会为他们的安全和教育担心？你是不是想为他们做点什么？你曾经的教师梦是不是被重新唤起？你是不是想为他们提供一个快乐游戏的小天地？开个幼儿园也许是个不错的选择，但是可能就目前的条件来说，难以满足开办正规幼儿园的条件。其实，办一个非正规学前教育组织，也许对这些孩子更为合适。

孩子是蒲公英，适宜的非正规学前教育组织就是蒲公英的乐园，就是孩子们的乐园。在这里，孩子们安全健康地生活，自由快乐地成长。从某种意义上来说，作为蒲公英乐园的非正规学前教育组织，本身就是一朵蒲公英。

蒲公英具有顽强的生命力，不管是落在青青的草地上还是落在悬崖峭壁上，它都会顽强地生长着。"应需而生、因地制宜"的非正规学前教育同样如此，只要有需要，在任何地方都可以开办非正规学前教育组织。因为非正规学前教育组织是就地取材、因地制宜的：不需要太大的场地，一间简单的屋子、一块空地都可以变成孩子的乐园；不需要精致的玩具，手工缝制的沙包、报纸团出来的纸球、旧的轮胎都可以让孩子们乐此不疲……

蒲公英随风四处传播，"花罢成絮，因风飞扬，落地即生"。每当初春来临，蒲公英抽出花茎，在碧绿丛中绽开朵朵黄色的小花。花开过后，种子上的白色冠毛结为一个个绒球，随风摇曳。种子成熟后，随风飘到新的地方安家落户，孕育新的花朵。非正规学前教育同样如此。在城市还有广大的农村，没办法进入正规幼儿园的孩子到处都有，要让这些孩子都接受学前教育，需要大量的这种组织。非正规学前教育的"就地取材"和"因地制宜"使其具有很强的传播性，在任何有需要的地方都可以落地生根。

那么，只要你爱孩子，愿意用心为孩子们做点事情，有时间并耐心陪伴孩子慢慢成长；只要你善于发掘和利用身边的环境，充分发挥它们的作用，带着孩子们观察自然、体验生活；只要你愿意观察和记录孩子的成长，不断地反思和改进……总之，只要你愿意尽自己的能力为孩子做一点点事情，不管在什么地方，都可以诞生蒲公英乐园。

看完上面的内容，你可能对非正规学前教育有了一点感性的认识，这本书将帮助你对非正规学前教育的理念、如何开办非正规学前教育组织，有更全面的了解。

走近孩子：世界上没有两片完全相同的叶子，也没有两个完全相同的孩子，但是受生活环境的影响，有着类似成长经历的孩子会表现出大致相同的一些特点。在这一部分，我们一起来看一看我们所面对的是一群什么样的孩子。因为"孩子是脚，教育是鞋"，只有了解了你所要面对的孩子的特点，才能知道他们需要的是什么样的教育。在此基础上，我们再来探讨适合这些孩子的教育。

走近家长："父母是孩子的第一任教师"，作为陪伴孩子时间最长的人，家长对孩子的了解和影响是最多的。与此同时，我们也不能忽略的是，每个家长身上都蕴藏着巨大的教育能量，因为"每一位父母都是教育家"。在这一部分，我们一起来看看家长们真实的生活写照，了解他们的育儿期望和亲子关系。在此基础上，探讨如何通过开展多种活动，唤起家长的教育意识和潜能，充分发挥他们在非正规学前教育组织中的作用，从而在家庭中更好地承担起孩子的"第一任教师"的角色。

走近邻里乡亲：非正规学前教育组织不是孤立存在的，它存在于大的社会背景之下，它不仅仅是一个教育组织，更应该成为社区、村落的文化娱乐中心。在这一部分，我们一起来探寻非正规学前教育组织如何与周围环境互动，首先从"我为人人"说起，探讨组织服务社区的途径；同时讨论如何发掘社区资源为我所用，争取各方力量的支持，实现"人人为我"；接下来，我们一起来讨论如何吸引家长参与，使组织成为家长的文娱俱乐部，实现"人人参与"，最终使非正规学前教育组织与社区在融合中共同发展。

走近活动现场：在了解了非正规教育机构所面对的"人"及其所处的社区环境之后，让我们一起走进活动现场，探讨如何在各种场景开展丰富多样的非正规学前教育活动。这一部分主要是以"专题"的形式来呈现的，涉及阅读等简便易行的教育活动、户外活动、小分队活动、亲子集体活动，最后我们还会结合具体实例说明如何组织半日活动。通过这些专题，我们一起探寻适宜的非正规学前教育模式，一起来体验非正规教育组织中的教师角色。

安全面对面：无论是身体发育，还是生活经验水平，孩子都不足以应付这个世界。他们缺乏基本的防范能力，对自然环境估计不足，而且没有足够的能力预期自己行为的后果。因此，孩子的安全需要你我的共同关注！在这一部分，我们一起探讨孩子的安全问题，使非正规教育组织成为孩子们的安全的港湾，让孩子平安健康，让家长放心。

看完了上面的介绍，你是不是迫切地想看到每一部分具体的内容呢？别着急，我们还有一些话想对你说：

这本书并不是教师百科全书，它只是你开办非正规教育组织和参与其中的活动的辅助工具，要想成为非正规教育的专家，还需要你有这样的几颗心：对孩子的爱心，对家长的体谅心，对活动的细心，对工作的耐心，对自己的信心和不断成长的反思心……带着这样的心去阅读、去思考、去实践，并在一些互动环节写下你自己的想法和做法，让我们来共同完成这本书，只有这样，这本书才能成为真正属于你的书！

希望在我们的共同努力之下，有越来越多的蒲公英乐园，有越来越多的蒲公英娃娃在其中健康快乐地成长，有越来越多的蒲公英之家感到城市的温暖！

第一部分

看一看，想一想

——一起来认识非正规学前教育

一、走近非正规教育

什么是非正规教育？为何要在教育前面加上"非正规"三个字？非正规教育和我们平时所见的学校、幼儿园有什么不同？

一般来说，我们常见的学校、幼儿园等都有专门的场地、例行的时间安排、在固定的时间招收一定年龄段内的孩子，按年龄编班，统一对学生传播知识和技能……这种教育组织形式往往规模较大，且具有比较严格的管理制度，聘用的教师也需要通过国家统一的资格认证考试。此外，还需满足种种硬性条件才能开办。而在我们的传统观念中，只有这种正规的学校教育才是唯一的知识圣殿，就我们自己的亲身经验，我们所接触过的似乎也都是学校里的正规教育。然而，随着社会不断发展，正规教育整齐划一的培养方式、分科教学、单一的评价标准使得学生的知识严重脱离社会生活实际，不能满足人们多种教育需要。也许你还能回忆起自己上小学时的一些情景：老师板着面孔，上课时机械重复地做一些题目，知其然不知其所以然地听讲……尽管如此，你还是要庆幸自己能坐在课堂里，因为当年你身边的一些小伙伴可能都没有机会学习，这其实也是正规教育的制约性因素。正是由于正规教育的限制多，有相当一部分儿童和成人没能被纳入教育体系，丧失了学习机会。

此时，我们不禁会想，如果我们真心想办教育，难道就只有这样一种教育形式吗？还有没有开办门槛低一些、组织形式更加灵活多样的教育形式呢？如果你有了这样的思考，那么恭喜你，因为你已经开动你的大脑，开始思考教育了。

下面我们就要一起来走近这种不同于正规教育的，举办形式灵活的非正规教育。但还要特别说明的一点是，"非正规"三个字并不代表它没有目的性和组织性，可以在生活中随意地开展。正相反，与正规教育相比，非正规教育的针对性更强，更能契合教育对象的需求和经验背景，"非正规"表明这类组织更多的是在教育体制之外，由充满活力的民间力量自发兴办。同时，非正规教育在组织活动时，更要贴近其对象，更需遵循一定的原则和方法，具有一定的计划性和组织性。

总而言之，非正规教育突破了正规教育的种种局限，兴办的门槛比较低，只要有心、只要用心，都可以开办起来，并且教育的形式没有一定之规，非常灵活。其实，以前村子里办的识字班、家庭辅导站，城市里大量兴起的"家庭托儿所"等都是非正规教育的形式，大家对此都不陌生，所以非正规教育也并不神秘。

具体说来，非正规教育的兴办不需要固定的场地，只要有一片空地、一棵大树或者一间仓库，随地都能进行；非正规教育也不需要特定的昂贵的材料，只要有几根粉笔，几张废旧报纸和纸盒子，几个蜡笔头就可以开展。和正规学校不同，非正规教育没有固定的组织形式，不需要每天上下午各安排几节课，而是非常灵活，可以把孩子聚集起来集体组织活动，也可采取小分队的形式三三两两地开展。

在初步认识了非正规教育之后，或许你紧接着会提出第二个问题，非正规教育是怎么来的？为什么要提出"非正规教育"这个理念？下面这段内容介绍了非正规教育产生的背景，其中的某些说法或许会引起你自身的共鸣，会对非正规教育产生更浓厚的兴趣！

随着"终身教育"思潮兴起，它批判了传统教育把学习的过程和实际生活分开，认为教育应该贯穿人的一生；不仅在学校中开展，更包括家庭的、社区的等多种形式。终身教育思想的提出，把人们的视野从传统的学校教育中解放出来。

由此，非正规教育的概念被提了出来。因其贴近老百姓的需求，能够为人们提供更多的教育机会，很快就受到人们的推崇。目前，各国都出现了非正规教育的形式。在我国，20 世纪 80 年代中期非正规学前教育就已经应需而生，河北、内蒙古、甘肃、贵州、广西等省、自治区的农村地区办起了如混合班、周末班、学前班、大篷车、游戏活动小组、儿童活动站、巡回教学点、母子活动中心、家庭辅导站、牧区的流动幼儿园等，花钱少见效好，使处于不利生活与教育环境的儿童也能接受一定的早期教育，又为家长提供学习卫生保健、教育知识和相互交流经验的机会，为促进当地的社会发展和人民生活质量的提高，做了实实在在的工作。这都是我们可以借鉴的优秀例子。

本书将为大家展现出一幅非正规教育的画卷，既有理论部分的解释，也有具体如何实践和操作，以供大家学习和借鉴。在你阅读本书的时候，你会发现非正规教育办起来没有那么难，如果你想要成为一名教师，有志于和孩子们一起生活游戏，那么非正规教育将会是你手中的宝贝，它会让你感受到快乐，感受到教育的灵动和生命的色彩；相信你一旦走进非正规教育，你的生活将会翻开新的一页，你将会在更加广阔的天地里自由翱翔！快给自己加加油吧！

二、我们的实践——非正规学前教育典型案例

或许你会想，非正规教育那么好，那有没有人实践过呢？它是否经得起实践的检验呢？那么，接下来，本书将为你展示一个开展非正规教育的成功案例，在案例中，你会看到四环游戏小组——一个流动人口聚居社区非正规学前教育组织的努力（而这一努力也同样适用于农村），也会看到非正规教育的成果与希望！

四环游戏小组成立于 2004 年 4 月 7 日，是一个致力于为农民工子女提供补偿性学前教育的民间组织。成立七年以来，一直在实践中摸索前行。我们所面对的孩子来自于广大农村地区，具有着不同于城市幼儿的特点。照搬城市幼儿园的那一套，只会在他们身上发生排斥反应。在不断的实践—反思—再实践—再反思的过程中，我们逐渐摸索出了一条适宜于农村儿童特点的非正规教育的路子，同时我们也发现，这条非正规教育的路子也突破了当下幼儿教育界一些令人很不满意的现象，澄清了到底什么才是好的幼儿教育这个问题。所以，开展非正规教育并不是不得已而为之，而是因为其本质是对教育的解放，是一种适宜的幼儿教育模式。

（一）我们希望达到的目标

四环游戏小组的宗旨定位是：孩子们游戏的天地，家长们学习分享和互助的场所，志愿者们学以致用、回报社会和进行行动研究的基地。

在游戏小组，活动都是以游戏的形式进行的，希望孩子在玩中感受自然变化与人的关系，感受事物与事物间的关系，帮助孩子形成热爱自然、热爱伙伴、好奇、好问、自由、开放、文明等良好素质，为孩子的一生发展奠定基础，帮助其成长为有尊严、自由的人，成为珍惜生命、珍视生活、强化生存的个体。

同时，我们积极拉动家长的参与，鼓励农民工父母参与育儿。

游戏小组的口号是"爱心、自立、分享、共建"，希望通过志愿者的带动，激发家长的教育自信，互相分享育儿困惑和经验，最终形成家长们自己的组织。

（二）我们的做法及想法

在日常的实践当中，活动以游戏为主体，按照户内外交替进行，动静结合的原则开展。根据四季的变化，我们会组织孩子与家长一起出去户外活动，如去后海春游、植物园秋游等；根据民俗节日，我们会带领孩子逛市场，观察民俗物品、感受节日气氛；我们每周还会带孩子去图书馆开展亲子阅读活动，共享读书的乐趣。

我们认为，家庭教育胜过机构教育，家长是孩子的第一任教师，因此，家长是我们的合作伙伴，志愿者经常会下摊位做家访，与家长共同探讨育儿话题；每天活动时我们也会请家长来当"爸爸妈妈老师"，给孩子们点名、讲故事，有的家长能力强，志愿者就退居次位，直接让家长给孩子们组织活动。

在特殊的日子里（比如甲型流感期间、手足口病期间，因为安全因素考虑不能集中活动时），教育不会停止，我们会化整为零，发挥家长互助的作用，由两三个家长带着邻近的五六个孩子在随处可利用的空地上开展"小分队"活动，画粉笔画、折纸、讲故事、做游戏、请孩子展示说儿歌、唱歌等，简单易行。家长当老师，多了很多亲近感，孩子也很喜欢。在特殊时期，志愿者会"送书下摊"，提供给家长和孩子可以借的书，也会"送教下摊"，培训如何折纸和《弟子规》给家长，鼓励家长在家庭中对孩子进行教育。

我们希望通过志愿者外力的推动，能够使农民工家长意识到自身教育的能力和提高教育自信，关心自己的孩子。家长也成为非正规教育的志愿者，甚至成为专职教师。

三、非正规学前教育的理念

了解非正规教育的起源以及部分特点，并且对其中的成功范例——四环游戏小组有了比较全面的认识之后，你的心中也许已经对非正规学前教育有了自己的认识，但似乎还不够清晰。那么，接下来，我们一起再走近非正规学前教育，揭开非正规教育的面纱，看看它的核心理念，以便我们在举办和实施非正规教育的过程中能有所参照。

（一）应需而生

非正规教育正是应社会需求而产生的，是从百姓的生活中自然而然地生发出来的，"哪里有需要就在哪里办教育"。比如上面提到的四环游戏小组，它的成立就是起源于家长的育儿需求。这个市场里的 800 多名摊商，相当多数是带着孩子一起生活，这些孩子中有很多都到了该上幼儿园的年龄，但由于各种原因只能散养在市场上，家长纷纷表示：如果附近能有一家收费便宜的幼儿园，非常愿意把孩子送来。8 年来，参加四环游戏小组的孩子有增无减，因为家长的育儿需求一直存在。"有什么样的需求就提供什么样的服务"，为家长提供有针对性的服务也是非正规教育的一大特性。四环游戏小组的家长每天忙于生意，接送时间不方便，四环游戏小组就地处四环市场内，满足了家长接送的要求。同时，正因地处社区，所以才能更好地促进家长参与。社会需求是非正规教育兴办的原动力，而满足家长的需求则是非正规教育可持续发展的生命力。

（二）平民办学

非正规教育一般面向的都是受教育权不能被有效保障的群体，或是教育需求未能满足的群体。其创办者和实施者也往往来自这个群体。可以说，非正规教育是民间自发兴办的教育，是平民化的教育，具有"草根性"，符合"平民教育平民办"的概念。

特别值得一提的是，在非正规学前教育中，家长的角色和地位大大地突出，成为教育中的主体，参与教育活动以及日常事务的管理。因为对孩子的了解和对社区周围环境的熟识，家长本身就可以成为非正规学前教育的创办者。自己孩子的教育自己解决，我们的孩子的教育问题我们团结起来解决。

（三）因地制宜

那么，非正规学前教育的兴办和实施有没有一定之规？创办过程中有没有可以遵循的原则和方法？非正规学前教育一般都是依据当地现有的可利用的条件开办，"就地取材"，从明确服务对象及其需求、选址，到明确活动内容和形式，收集和利用开展活动所需的材料，都力求事先"本地化"。这样的教育才更加贴合需求，老师、家长和孩子才会备感亲切。同时，非正规学前教育的因地制宜也体现在教师的来源和构成上，除了一定的专职的专业老师，有过养育经验的爸爸妈妈们，喜欢孩子、热爱教育事业的各方面各领域的人士都可以成为非正规学前教育的老师，发挥作用，因为非正规教育倡导"能者为师"。

（四）开放融合

众所周知，正规学校教育长期与周围环境相分离，与社会生活相隔绝，家长相对处于弱势、边缘的地位，不能有效地参与学校教育，更不用说参与学校的管理。非正规教育突破了正规教育发展中的樊篱，"打开门来办教育"，与周围的社会生态环境相融合，力求充分有效地开发利用周边资源，为邻里乡亲们提供有针对性的服务的同时，赢得大家的认同和支持，非正规教育组织本身也是社区或村落的文娱中心，参与社区建设。

（五）守望互助

非正规教育与正规教育最大的不同，就在于它是从老百姓的日常生活中生发出来的。俗话说"自助者天助"。你我同住这一片地界，同样有孩子要照看却因为工作或者其他原因而没有办法带在身边，于是一起协商：我们的孩子，由我们轮流来照管，今天你有事，孩子交给我；明天我有事，孩子就请你帮忙照顾。两家是这样，三家、五家、十家同样如此，每家都贡献出一点时间和精力，形成"邻里守望"的氛围，既不耽误各家的正事儿，又满足了每个家庭的育儿需要。左邻右舍之间相互搭把手，实现育儿互助，更是让我们生活的地方充满了人情味儿，邻里之间更为和睦，孩子成长更加安全，家长出门更加放心，社会也就和谐了。

在平时，家长之间、邻里乡亲之间彼此相互照应，守望互助，共同营造孩子健康成长的大环境。某个家长看到谁家的孩子可能会有什么安全隐患，马上就会前去制止，这正是保证孩子安全的最强力防线？这正是和谐的最佳诠释。

（六）灵活多样

"有什么条件就办什么样的教育。"非正规教育的兴办和实施灵活多样，没有一定之规，不一定需要专门的场地和时间安排、不一定按年龄编班、不一定具备大规模和严格的管理制度、不一定要求固定的组织形式。相反，它是灵活多样、便于开展的。可以是家庭托儿所，可以是小饭桌，可以是大树下的小分队，也可以是大篷车里的识字班……这些都是非正规教育百花园中的一朵。这种灵活性还体现在活动的生成性，没有固定的教材，很多的教学活动都来源于孩子的日常生活，来自我们所身处的社区环境，无论是活动的内容，还是活动的形式，都是灵活而多样的，而这也正是非正规教育保持旺盛生命力的原因，更是它存在并适宜于农村、城乡交界的重要原因。

四、非正规学前教育的教师

如上文提到的，非正规学前教育强调能者为师。那么，该如何理解这个"能"字呢？我们大抵可以从以下两个方面来思考：首先，哪些人"能够"成为非正规学前教育的教师？其次，具备哪些"能力"才能成为非正规学前教育的教师？下面，我们就带着这两个问题，一起来认识非正规学前教育中教师的来源和教师所扮演的重要角色。

（一）谁能够成为非正规学前教育的教师

我们说，非正规教育的教师来源是很广泛的，有小学教学经验的退休或转岗老师、有育儿经验的妈妈/奶奶、有志于从事教育的人、喜爱孩子的志愿者等。

具体来说，对于一个非正规教育机构，最好能够配备1~2名专职的固定老师，每月适当地为其提供一定的生活补贴。其他的教师更多的是从家长当中来，邀请家长当志愿者，给家长排班，参与到日常活动中，协助老师组织孩子的活动。此外，也可以吸收热心教育的邻里乡亲加入。这种专兼职相结合的教师队伍既能降低成本，同时也体现了非正规教育的开放性。

（二）非正规学前教育的教师扮演什么样的角色

幼儿教师应该是全职的，很多时候我们过分强调了学前教育的教育性，忽略了其对孩子健康成长的保育性、对家长的服务性。有一句很好的比喻，幼儿教师就是孩子"白日里的妈妈"，充分说明了幼儿教师的角色更多的是"和孩子生活在一起"，照顾他们的饮食起居，并引导家长培养孩子良好的卫生、行为习惯，同时关心他们在活动中的表现，包括能力倾向和情绪特点，从而更好地了解每个孩子，实施灵活的、有针对性的教育。

非正规教育教师的来源虽然广泛，但因为我们所从事的是教育，是学前儿童的教育，老师的言行举止都在影响着孩子，老师的教育理念和教育策略也影响着我们与孩子的互动方式，影响着我们与家长、与社区/村落的沟通、合作方式。因此，成为非正规学前教育的教师也还有一些基本的要求。一般来说，只要满足下述一条或若干条要求的人就可能成为非正规教育的教师：

爱孩子，有耐心，喜欢和孩子相处的人。

喜欢或有志于当老师的人。

有一定的文化基础，具备一定的文化常识、生活常识。

有育儿的经验。

曾经有教育经验，比如当过小学教师。

喜欢动手制作一些玩具或折纸等玩意儿。

……

上面的这些条件，仅供参考。或许你就是喜欢当老师，希望能圆了小时候的美好梦想；或许你本身是一个孩子的妈妈，想要自己教育孩子，同时又能够扩大一点范围，照顾到更多的孩子；或许你走到哪儿都很受孩子欢迎，喜欢和孩子在一起玩儿，享受那种单纯和快乐等，这些都可能让你和非正规学前教育结缘。只要你"爱孩子"，愿意全身心地投入，那么你就具备了成为非正规教师的最核心的条件。知识和技能往往不是最关键的因素，"教育是慢功夫"，需要用心地、一点一滴地积累。只要你有志于此，你便会真心投入到活动中，成为孩子的游戏伙伴；你便会真诚地和家长交流，和家长成为育儿的伙伴；你便会和其他老师组成学习共同体，共同进步、成长。

1. 孩子的游戏伙伴

对于学龄前的孩子，健康成长是第一位的，所以学前教育的教师首先应该注重孩子的养育，做到保育和教育相结合，促进孩子身、心和谐健康发展。对于孩子而言，老师扮演的角色应该是孩子生活的照料者、游戏的合作者、支持者和引导者。

非正规学前教育以游戏为主，生活和游戏是基本内容，这也矫正了传统幼儿教育是上课，重认知教育的偏差。非正规教育中虽然也借用了"课程"这个概念，但其本质上是教师组织的大游戏。在非正规教育活动中，游戏的成分居多，教师的任务是将教学游戏化，引导孩子玩耍，并在玩耍的过程中体验生活、体验人与人、人与物之间的关系。

2. 家长的育儿伙伴

从这个意义上来讲，就是要破除正规教育和传统教育观念上的两个弊端。一是要破除学前教育就是课程、内容上重认知、拼命给孩子灌知识教技能这种思想弊端，非正规教育树立的新观点是幼儿教育就应该是游戏为主，让孩子在游戏中获得发展；二是要破除正规教育中只有教师才能承担教育责任这种认识误导，其实家长的作用才是第一位的，教师的作用是第二位的。教师的责任是帮助家长，而不是替代家长。非正规教育的教师工作不是居高临下的指导，而是探讨式的、是家长的援助者，通过育儿这个平台引发家长一些思路，唤醒家长的小时候的历程、育儿经验、育儿信心，激发他们教育的愿望和自信心，使他们能够成为孩子教育的担当者和责任人。

3. 教师的学习伙伴

既然选择了幼儿教育这项事业，我们就想把它做好，希望能够在专业方面有所成长。教师专业成长的途径除了注重平时的阅读学习，以及对日常教育活动的反思，还有很重要的一点就是教师之间结成学习的共同体。每个教师都有自己的教育经历、教育体验和想法，大家集中起来，定期分享交流一段时间内教学、做家长工作的经验以及遇到的困难，一起探讨如何解决，这样，教师之间的交流就是很好的学习资源，团队内部相互激发，比外部强加培训更具力量。

教育问题上没有权威，只要你用心，将其视为自己的一项事业，全情投入，乐于思考，勇于实践，相信通过一段时间的锤炼，你一定可以成为非正规学前教育中受孩子喜欢、受家长欢迎、受同事欣赏、受社区居民称赞的教师。

下面，就让我们一起走近非正规学前教育，看看我们面对的孩子、家长和社区环境，并想想我们在活动现场能做些什么。

第二部分　做一做，试一试

——非正规学前教育的实践

我们在第一章主要论述了非正规学前教育中的基本理念，这就像一棵树木的根一样，先把根扎牢了，树才能长起来。那么在前面的阅读过程中，大家已经跟随本书一起将这棵树的树根扎了下去，接下来的任务就是开始让这棵大树越长越高，并发出浓密的枝和叶。很多人会迫不及待地开始问，做非正规学前教育的教师该如何跟孩子打交道？怎样才能创办一个非正规教育机构？该如何组织教育活动？如何与家长打交道等，这些千头万绪的问题让一个新手去探索、去解答确实是一个很大的难题。这一部分的内容就是着重解答读者们的这些问题的。

大家在阅读的过程中，既可以根据自己的实际需求找到本手册中的特定章节，寻求自己面临的具体问题的解决之道。也可以按部就班地阅读，跟随本书的思路开始一次探索非正规学前教育从创办到逐渐成熟的发展之路。

专题一 初步创办非正规学前教育组织

对于如何创办一个非正规学前教育组织这样一个问题，我们将其单列出来作为专题与大家共同讨论。这样的问题其实不难回答，本专题将给大家呈现一种思路以及我们在实践中积累下的经验，大家在阅读的过程中可以结合自己所处的情景，具体问题具体分析。

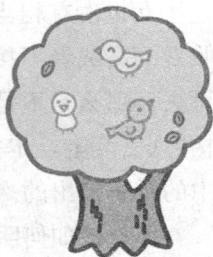

当面对这样一个任务的挑战时，首先需要先问亲爱的读者朋友这样两个问题：

1. 你为什么要创办一个非正规学前教育组织？
2. 你为什么要在你选择的这个区域内创办一个这样的组织？

回答：＿＿＿＿＿＿＿＿＿＿＿＿＿＿＿＿＿＿

＿＿＿＿＿＿＿＿＿＿＿＿＿＿＿＿＿＿＿＿＿

这两个问题的提出其实是为了让大家明确完成任务所需的第一个步骤：

一、明确未组织面向的群体的教育需求

举个最简单的例子来说，生产产品的时候商家也会进行前期的市场调查或者市场预估：自己生产的产品是否会有人买？买的量有多大？如果一个产品没有人愿意要，那这个产品自然没有生产的价值。当然，教育并非商品，并不能一概而论，但是我们在准备开办一个教育机构之前，也需要了解自己选定的这个地区，是否有教育需求？有怎样的教育需求？只有这样，才能够"对症下药"，创办出一个符合地区实际的教育组织。

比如说在一个地区，已经有足够的幼儿园满足了大多数幼儿的学前教育需求，那么是否还需要创办一个学前教育机构？如果需要，应该创办什么特色的教育机构？

再如，在一个城乡交界的地区，有大量外来务工人员聚集，随迁子女也占有相当比例，此地虽然有部分数量的公立幼儿园，但是收费颇高或者不接受非本地户籍人口的孩子，导致这部分孩子无处可去，那么是不是就可以尝试在这样的地方创办非正规学前教育机构？（实际上，本书中相当一部分案例及教育对策正是针对这种情况中的孩子提出的。）

那么该如何明确这一教育需求呢？很简单，"没有调查就没有发言权"，这句名言为此提出了很好的解决之道。

亲自在这个地区到处走走、看看、聊聊。看看周围的环境如何，看看一路上有多少幼儿园、学前教育机构，都是怎样的幼儿园，可以的话跟这些园所的负责人聊一聊，多从"过来人"那里了解一些相关信息。还可以看看一路上能碰到多少在自己玩耍的孩子或者大人带着玩的孩子，跟家长们聊聊，看看他们的需求是什么。这些都是很好的信息采集方式。

另外，很有可能大家本身就是这个地区的一员，跟周围的邻里很熟悉，甚至自己也有孩子，所以才想投入到非正规学前教育事业中来，那么这个步骤就更容易完成了，平时与朋友唠家常的时候就能够了解很多情况，将您所了解的情况记录下来，就是我们本步骤的一个成果。

一起来完成下面的表格吧！

表1 前期调查教育需求情况汇总表

周边幼儿园数量	
孩子的入园需求	
家长们的教育期望	
……	

完成了上述表格，是否创立一个非正规学前教育机构的前期准备工作就算是完成了呢？不是这样的，接下来还要进入第二个步骤：

二、发现周边资源中存在的对本组织发展的推动力量并加以利用

这句话看似拗口、难懂，但其实举几个例子相信各位读者就能够明白了。首先，很有可能大家在做前期调查的过程中会遇到一些家长，他们或者对您的教育理念是非常认同的，也或许是有强烈教育需求，他们就是非正规学前教育机构的最大推动力，甚至可能是其中的一员，成为教师。

其次，在调查过程中，是否发现哪个地方有块儿空地（适合与孩子们一起户外游戏），哪个地方有个小公园、小树林（可以跟孩子们一起来观察大自然，来游戏），哪里有个小土堆（可以让孩子们爬坡锻炼身体），是否有幼儿园愿意提供一些帮助和扶持（比如，愿意赠与一些因为需要更新而淘汰下来的书籍、玩具、桌椅等。一般情况下，幼儿园淘汰下来的东西还是可以回收再利用一段时间），是否有单位、公司、个人愿意慷慨解囊，提供一些支持和资助，如果是村里的话，村里有没有人会木工（可以帮助孩子们做些简单的木头玩具，或者是会门其他手艺，如藤编等）。这些都是前期工作中就可以开始发现并加以利用的推动力。

在此需要重申非正规学前教育的一个基本理念，这就是：合理利用一切可利用的资源，争取利用较少的投入，就能给孩子们提供好的教育。也就是说，我们提倡的更多的是因地制宜，就地取材，发现周围环境中的各种可以利用的资源。

三、创设适合于非正规学前教育机构的活动环境

分析已有条件：

1. 是不是已经有一个固定的室内活动场所？（室内外场地大小、

位置等）

_____

_____

2. 是不是有桌椅、柜子等室内简易家具？

_____

_____

3. 还有哪些其他材料？

_____

_____

　　根据已有条件结合下面给出的一些需要的材料，大家一起来对照一下，我们需要布置哪些材料以及如何来布置适合于非正规教育的活动环境。

　　•一些适合于孩子身高的桌椅（避免成人使用的桌椅，小凳子可以是价格低廉的，甚至可以是自制的）。

　　•一些自制玩、教具和适宜的成品玩教具（我们更提倡大家一起动手制作，利用废旧材料制作出孩子们喜爱的玩、教具）。

　　•如果条件允许的话，有几个低矮的小柜子用来摆放孩子们的玩、教具等。

　　•一些纸笔文具（已经使用过的打印纸、报纸、各种废旧纸张、蜡笔、水彩笔、铅笔、粉笔）。

　　•一些适合孩子们和家长们阅读的图书或书籍。

　　如何将上述这些材料合理地安放在活动室内呢？在此先提出几个原则供参考，在活动室布置的时候还需要按照各自的实际情况区别对待。

　　•非正规教育是低成本投入，室内布置并不需要大张旗鼓，关键是要适合于我们的孩子和活动。

• 考虑孩子的主体性。活动室对于孩子来说，应该是一个属于他们的活动空间。桌椅板凳应该适合孩子的身高，放置孩子需要的材料的位置也应该是孩子可以自己取放的。墙面不需要花哨，放一些孩子的作品就可以了，让孩子可以自己看到自己的成果。

• 注意合理的布局及环境的整洁。给孩子营造一个简单但是有秩序的环境，让孩子能够耳濡目染地形成一些良好的生活习惯。

四、协调与周边资源及环境的关系，发掘蕴藏其中的教育资源

我们的教育是植根于孩子生活之中的。在一个三四岁的孩子看来，世间万物等，一切都那么神奇有趣，"天为什么是蓝的；树为什么会茂盛，又为什么会枯？"孩子眼里的世界有无限奥秘。所以，他们是好奇、好动、好玩、好问的，对他们来说，生活和学习没有截然的分界岭，周围所有的环境都是新鲜的，吸引着他们去探索，而他们正是在探索的过程中学习。孩子身处的环境给孩子丰富的学习材料。因此，让我们发掘孩子生活中的教育资源，利用有限的资源创造无限的教育！

比照四环游戏小组的经验，我们先来整体地看看如何挖掘非正规教育所处的环境。游戏小组位于一个综合市场管理办公室小院中，家长基本为市场上和周边的摊商，平时忙于生计，进货、看摊，周围幼儿园较少，或为公立园，或收费较高，所以未成立四环游戏小组之时，这些来自农村的孩子们大多散落在市场上，大人疏于照顾；四环市场毗邻后海，周围还有新街口少儿图书馆、北京师范大学、动物园等机构设施，自然和人文环境较好。接下来从以下几个方面跟大家一起结合四环游戏小组的经验，分析一下我们非正规学前教育环境中蕴涵的可利用的教育资源。

1. 来自社区的教育资源

"社区"这个概念是个舶来品，我们这本书里的"社区"更多地指的就是我们生活的周边大环境，这个大环境中有居民住房、有花草树木、有居委会、村里的大队部、隔壁的超市、代销点、小学、图书馆、乡村图书室、医务室等，我们要寻找的就是在这个环境中，与我们非正规教育息息相关、能够直接或间接地帮助我们的教育资源。

我们为什么要利用来自生活大环境下的资源？我们在教室里不就可以学习了吗？

这个问题想必大家在看的时候都已经在心里发问了。我们看到的幼儿园、小学、中学，大多是关起门来办教育，哪有谁在讲什么利用社区资源的？

这就仍要从什么是非正规教育说起了。还是本书开头对非正规教育的解释：非正规，顾名思义，就是跟正规的幼儿园不一样，我们不会固定几个班，有多大的规模，有多大场地，很多非正规教育甚至连固定的场地都没有。比如，草原上的流动大篷车、山区里由老师背着黑板到处上课的移动学校，又或者是几个志同道合的妈妈自己组织起来形成的互助育儿的小型家托等。这也就是意味着，非正规教育是应需而生，它本身就是依托于社区资源而存在的，发掘社区中的教育资源，因地制宜开展我们的教育，对非正规教育来说大有裨益。同时，非正规教育面临的一大难题就是资源的不足，从所在的社区中发掘资源为我所用，不仅弥补了我们的不足，而且能够动员起社会力量来关注弱势群体的教育问题，一举两得。

另外，孩子是生活在自己所处的一个社区或村落环境中的，他受这个大环境的影响，也影响着这个环境。通过对社区/村落中资源的利用，帮助孩子建立起对周围环境的认识，对孩子的发展也很有好处。

那么，社区中有哪些可以利用的资源呢？我们一起来找一找吧！

找找咱们周边有以下哪些公共设施——（如果有，可以在后面打个钩）

空地　公共图书馆（少儿图书馆、资料室、阅览室等）

广场　公园　各种公共体育器械　市场　麦场　大队部

或请根据自己的实际来补充_____

_____

_____

这里列举出来的是一些场地资源。举例来说，我们可以带着孩子在空地上、广场上、公园里、麦场上做游戏，认识大自然，举行各种运动活动、亲子活动等。我们还可以和孩子们一起去图书馆看书，弥补我们本身图书的不足。但是，充分利用周边的场地资源只是利用社区资源其中很小的一个部分，环境中还有很多可以利用的地方。比如，场地中的花草树木等可直接作为一年四季自然现象的生活教材；比如，街道上来来往往的人群和车辆，每一个可能都是我们可以展示给孩子们的生活教材。

事实上，我们出去开展活动的过程中就可以利用起上述蕴涵着的丰富的教育资源。以四环游戏小组开展的图书馆阅读活动为例来具体说明这个问题。

每周四下午，四环游戏小组都会组织家长带着孩子们一起去附近一个少儿图书馆进行阅读活动。路上，志愿者跟孩子们一起说着儿歌，观察沿路的树木、花草，渗透自然、四季的教育。过马路就是安全教育和认识社会现象的时间，孩子们会一起说："红灯停，绿灯行，黄灯亮了等一等"。到了图书馆门口，跟孩子讲讲进了公共图书馆应该怎么做，比如要跟管理员阿姨问好，要安静地看书，看完的书要放回原位等。在过程中渗透了做人教育，培养了孩子的规则意识和公共意识。

具体的活动设计及需要注意的事项详细介绍如下。

[案例1] 空竹的引入

2007年4月17日四环游戏小组的孩子、家长和老师一起到北海春游，大家不仅被北海春天的美丽景色所吸引，更是感受到了浓浓的人文气息。自北海西门沿途而进，孩子和家长们时而驻足观看北海公园里练习长绸的人，最使孩子们感兴趣的是公园里的爷爷奶奶抖空竹，这种转起来"嗡嗡"叫的东西让孩子很兴奋，再加上爷爷奶奶高超的抖空竹技巧，空竹抖得前后翻飞，好多种花样，孩子们看得目不转睛。一旁带队的志愿者老师用喇叭向孩子和家长介绍："这个叫抖空竹，空竹还有另外一个名字叫风葫芦，抖空竹是老北京的一项绝活。"第二天，在春游回忆的谈话活动中好多孩子都提到了空竹。怎么样将空竹引入游戏小组的活动中？谁来教？孩子们能玩吗？

[案例2] 后海秋游小记

四环游戏小组毗邻北京著名的景点后海，有水、有树、有花、还有许多古迹，风景十分优美，成为孩子们"大自然的课堂"。秋天来了，我们带孩子们去后海捡拾落叶，找秋天。在扩大孩子们的感知经验的同时，课程也更生活化、更自然、更生动。沿着后海一路畅游，孩子们捡了各种各样的树叶，走到小广场上休息时，社区的老奶奶看见孩子们捡了许许多多的树叶，便教孩子们用树叶制作小玩意儿，小树叶在老奶奶的巧手下变成"小兔子""蝴蝶""饺子"，孩子们兴奋极了，纷纷拿起自己捡的树叶向老奶奶学习，志愿者老师也惊讶于这种树叶创作，和孩子们一起学习起来。

后来，我们翻阅书籍得知，这是一种以天然花草植物作为游戏道具而开展的游戏活动，类似的游戏还有很多。比如，"拔根儿""柳笛""狗尾巴草穿编"等，可以说，花草是最古老、最悠久又流传最广的游戏材料资源，它们别致新巧、多姿多彩会引发人们强烈的玩耍兴趣。通过玩花草游戏，孩子们可以亲近自然，充分发挥了想象力和创造力。

2. 来自家庭中的教育资源

对于非正规教育来说，家庭就是我们的合作者、参与者，家长是我们最亲密的伙伴，甚至就是我们其中的一员。家庭教育本身也会影响到我们的教育，而我们也需要指导家庭教育，与家庭通力合作，让孩子们发展得更好。

孩子的生活中大部分时间都处于家庭之中的，发掘家庭中的教育资源，一方面它是孩子所熟悉的，容易为孩子所接受的；另一方面，由于从家庭中生发出的活动，贴近孩子和家长的现实，更容易被他们所理解掌握。

在此着重说明一下，家庭中有哪些我们可以利用的教育资源。

来自生活中的孩子，其教育自然也源于生活。那么首先，孩子的饮食起居、日常保健、身体成长，都可以是教育资源。而且，生活中的很多方面是相互联系的，从一个点可以生发出许多许多的线，交织起来，构成了我们的教育网络。

注意：

①最近很多家长反映自己的孩子老是挑食，这个不吃，那个不吃。

②市场里父母忙于生计，无暇顾及孩子，结果，几个孩子就结伴跑到很远的地方玩了很久，让父母到处找，担心得不得了。

③爸爸妈妈要忙生意的时候，就把孩子一个人锁在家里，孩子没事情做，就到处乱翻，要么就坐在电视机前过一天。

上面几个小例子，其实都是来自孩子家庭生活中的教育素材，在教育活动中让孩子认识到不挑食的好处，认识到爸爸妈妈的辛苦等。

另外，家庭中还有哪些可以利用的教育资源呢？

①废旧材料

四环游戏小组常利用废旧材料来制作玩具，尤其是发动家长们一起制作玩具，不仅丰富了孩子们的生活，也让家长感受到变废为宝，生活中处处有教育。比如，用废报纸团成的纸球再用胶带粘牢固，就成了孩子们可以玩的球；废旧轮胎也是很好的玩具，可以用来滚、钻、跳、抢等。废旧的纸盒子可以用来做棋盘；易拉罐可以用来做梅花桩、高跷等。这些材料制作的玩具成本低、制作方便，孩子们还非常地喜欢。

②民间游戏

家长身上蕴涵的民间传统文化所带来的创意也有很多。大家都经历过童年，童年玩过的各种游戏现在跟孩子们一起重温，这也是非常好的教育素材。每个家长拿出一个自己的绝活，咱们就能收集许多素材。比如后面案例中的风葫芦、滚铁环。还有一些大家熟知的传统游戏：老鹰抓小鸡、丢手绢、翻绳、折纸、沙包、绕口令等等，有身体运动的、手部运动的、语言的，应有尽有，可以说是个百宝箱呢！

除了上述指出的两个方面之外，家庭中可以利用的教育资源还有很多。以四环为例，四环游戏小组的家长们通常是市场上的摊商，摊位上摆着的萝卜、白菜、土豆等各种各样的商品都是很好的教育资源，让孩子认识认识自家摊位上卖的东西，数数这一堆有几种菜，称一称东西谁更重，认识一下钱币，跟来买东西的人打声招呼，都是在生活中不知不觉的教育。

[案例1]"风葫芦"引发的思考

今天又是例行的玩具制作时间，这次制作的玩具有一个是"风葫芦"。晓月的奶奶和老师一起把硬纸板剪成小圆片，并在小圆片中间挖出洞，然后将线绳穿过去，就做成了一个"风葫芦"。晓月的奶奶一边做，一边就和晓月玩起来，晓月看奶奶玩得很好，也跃跃欲试，但是她并不会玩，奶奶就耐心地教她，祖孙俩一起玩了起来。

　　玩具制作结束后，我们向家长展示今天做的玩具，苏鹏的妈妈、于琛的姐姐、何新月的姥姥等家长、老师还有几个小朋友，都跟着一起做了。聊起那个风葫芦的玩法，有人说"我小时候也玩过，不过现在都差不多忘了，我记得还有好多玩的（东西）呢。"晓月奶奶于是很开心地向大家介绍："我还会用线绳编梯子、编喇叭。"说着就从桌子上拿起一根绳子，几个动作就编出一个"梯子"（也像大桥），随后又编出一个"喇叭"来。

[案例2] 发掘身边资源，因地制宜创造自制玩具

(1) 收集废旧物，变废为宝

纸类：可利用普通纸、包装纸、挂历纸等制成拼图、头饰、交通工具、花瓶、家具等。

线类：用毛线、绒线等编织小动物、包、头套、花等。

布类：可制作小布书、多用袋、娃娃、服饰、沙包等。

橡胶、塑料制品：用旧轮胎、篮球、乒乓球、唱片、塑料包装盒等可制成秋千、话筒、小飞机、小汽车等。

瓶罐：用塑料饮料瓶、药瓶、易拉罐、食品罐等制作餐具、茶具及"娃娃家"的用品。

瓶盖：各种大小不一的瓶盖可制成转盘、拨浪鼓、棋、积木等。

吸管、雪糕棒：可制作木房子、运动器械、桌面玩具等。

利用技巧：

家长在平时留心搜集一些日常生活中丢弃的废物，将其消毒，进行简单的归类，放置于一个大纸盒中，如需要可随时取得。

(2) 利用自然物，就地取材

植物类：农作物、蔬菜、水果及其他植物的根、茎、叶、花、果实、种子等。

动物类：动物身体的某一部分或残留物，如贝壳、羽毛、蛋壳、

骨骼、珊瑚等。

其他类：沙、石、冰、雪等。

利用思路：

从材料自身的特点出发，考虑自制玩具的可能性。

体积：体表的外形像什么？怎样巧妙利用？

容积：内部是否有容积？怎样利用？

截面：其横截面、纵截面的形状和内层结构是否可以利用？

累加性：多个物体从不同角度累加或重叠组合后是否可以利用？

也可以从所需制作的玩具出发，考虑利用材料的可能性。

3. 来自非正规教育机构的教育资源

四环游戏小组的很多活动材料都是自己动手制作的，老师和家长们一起利用身边可以利用的资源，每周进行玩、教具制作活动，丰富了游戏小组的活动。

除了这些有形的资源之外，我们还不要忘记周围环境带来的惊喜，院子里的大树长出新芽了、树叶变绿了、落叶了，角落里发现了奇怪的虫子，院子里被大雪覆盖了厚厚一层，这都是我们可以随时跟孩子一起感受的。

小结

经历了上述四个步骤，非正规教育的开创阶段这一大任务也已经基本完成，大家回顾一下第一个任务的完成过程，其间出现了哪些问题？有哪些困惑？如何解决的？还有哪些没有解决？可以在此总结一下。

_____

_____

_____

第三部分

走近孩子

一、"孩子是脚"——我们面对的是什么样的孩子

"孩子是脚，教育是鞋"，只有先了解孩子，清楚他们的身体、心理发展特点和生活状况，才能真正地走近孩子，进而开展适宜的教育活动。我们面对的是一群3~6岁的儿童，所以需要了解这个年龄阶段儿童的特点，并探寻流动儿童及农村儿童特有的特点。

1. 第一步：走近孩子，了解3~6岁孩子的发展特点

- 孩子与外界的接触机会日益增多，孩子处于较为活跃的阶段，但生长的速度趋于平稳。

- 孩子身体成长速度不一，但总体来说，体格生长比前一阶段有所放慢，体重每年增

长约 2 kg，身高每年增加 5～7cm；淋巴组织发育加快，脊柱发育趋于成熟，乳牙开始脱落，恒牙开始萌出。

- 孩子的视觉、味觉、嗅觉及听力大部分已经发展完成。但是这个时期孩子视力协调还在发展当中，仍需注意使用大图、大字等。
- 孩子的语言沟通能力的发展是这段时期重要特征之一，通过与成人及其他语言能力更成熟的孩子间的交往互动中会得到更进一步发展。
- 孩子的认知发展（比如抽象思维、推理、概念获取、分类、信息获取能力等）也是逐渐发展的过程。

可以说，从三岁到五六岁，孩子在各方面都经历了一个极大的成长过程，身体迅速发育，逐步掌握各项生活技能，语言能力（比如与人沟通，讲述一件事情，表达自己的感觉）迅速发展，逐渐学会控制自己的情绪情感，开始理解别人等。作为教师，我们需要了解并明晰这个阶段的孩子发展的一些普适性规律。

阅读卡：为什么儿童在这个阶段会出现这样一些特点？

我们知道，儿童出生以后，在一定的生活和家庭教育条件下，经过三年的时间，已从一个弱小的个体发展到能够走、跑、跳，努力探索周围环境，操控各种物品，进行初步的言语交流，并且能从事一些初步的游戏活动的个体了。

这个时期的儿童，由于身心各方面的发展，逐步产生了参与社会生活的愿望。同时，基于儿童能力的增长，成人也对儿童提出了比以前更高的要求，开始要求儿童独立地做一些力所能及的事情，如自己穿衣、吃饭、收拾玩具、简单的劳作等。这就是说，此时的儿童开始产生了新的需要，即渴望参与成人的活动，特别是劳动和学习活动的需要。

但是，另一方面，我们也会看到，这时的儿童的能力还是非常有限的，他还不能很好地掌握自己的行动，还不能很好地控制自己，同时知识经验还非常缺乏。因此，就在儿童渴望独立这种新的需要跟从事独立活动的经验及能力水平之间产生了重大的矛盾。但是，也正是这种矛盾促使儿童在这个阶段不断挑战自己，得到发展。

上述仅仅是这个时期儿童发展的一些简要概述，要真正了解孩子，还需要在实际与孩子接触过程中积累经验。多观察孩子，多了解孩子的内心世界、发展水平等。

2. 第二步：走近儿童，了解流动儿童及农村儿童的独特个性

四环游戏小组所面对的孩子大部分都是流动儿童，这些孩子受到了城市文化和乡村文化的双重影响，和城里的孩子有着很大的不同。下面是我们通过四环游戏小组 8 年多来和孩子的接触过程中总结出来的特点，大致能够反映出我们的教育对象的普遍状况。需要注意的是，环境对孩子特点的形成起到了重要的影响，四环游戏小组的流动儿童大部分都是摊商的孩子，因此孩子的一些特点（如金钱意识出现较早）受到了他所处的市场环境的影响。所以，以下特点代表的是一种整体情况，但是正如世界上没有完全相同的两片叶子，这个世界上也没有完全相同的两个孩子。因此，这些特点在每个孩子身上的表现可能有所不同，同时除了以下的"共性"特点，每个孩子还会表现出其他的特点。希望你在阅读的同时，能够根据自己所在地的情况，具体分析自己教育对象的个性特点，只有这样才能制作出一双"合脚的鞋"。

总体来说，我们所面临的是一群个性较强、有点儿"野"、比较"皮实"，但是又很质朴天真、非常热情的孩子。

（1）自由而缺乏规则

因为父母生意较忙，很少有时间管教，孩子们大多数都处于

"放养"的状态，因而天性自由奔放、无拘无束是这些孩子给人最直接的印象（农村的孩子们也有着这样的特点）。也正由于此，相对于城市的孩子来说，他们自由玩乐的时间更多，接触自然事物的机会也更多。乡间小路边的花草、稻田里的植物、树下的昆虫、路边的沙堆、广场边停放的车子等都是他们的玩具；公园里的小广场、附近的小院儿经常是他们流连忘返的场所。因此，只要有流动人口居住的地方，就随处可见到跑跳玩闹的孩子。

由于父母疏于引导和管教，这些自由的孩子往往缺乏规则意识，比如在马路上横冲直撞、在三轮车上上蹿下跳、说话大嗓门、轮流等待的意识较弱、容易耍赖哭闹、容易说脏话、动手打人等（而农村孩子则较多出现爬树、下河、结伴去较远的地方玩耍等行为）。概括地说，就是不知道哪些事情是不该做、不能做的。自由的前提就是有一定的规则，否则只会是伤害别人，也伤害自己的"盲目自由"。因此，如何在培养合理的规则意识的基础上充分地尊重和发挥孩子自由的天性，是需要我们考虑的问题。

（2）皮实而容易受伤

这些孩子们在活动方式上与城里的孩子有很大不同，他们每天有大量的时间都是在户外钻来跑去，追逐玩耍，运动能力很强，进行跑、跳等运动时，身体很灵活。大部分孩子身体素质较好，很少生病。一般来说，孩子在玩耍的过程中，难免磕着碰着，如果不是太严重，孩子和家长都不会太放在心上，很快就好了。

但是，我们千万不能掉以轻心，孩子年龄毕竟小，安全意识和自我保护能力都比较差，而且好动、好玩、好奇心强，喜欢探索，兴致起来难免会在市场和小胡同里打闹、追逐、奔跑，很容易摔到哪里或者撞到哪里，再加上我们生活的环境非常复杂，北京的小胡同里车来车往，别说小孩了，就是大人都要特别小心。而孩子的自控能力比较差，而且很多孩子行为过于莽撞，比如走路时不太在意身旁的车辆、行人，猛跑、猛拐，常会造成磕碰伤。另外，他们大胆，对城市环境与乡村的不同缺乏认识和转换，过马路时不会注意来往车辆行人，常常在马路上横冲直撞。更有的孩子对周围的危险事物缺乏防范意识，误食、误玩等，导致经常出现安全事故。

[**案例1**]　小惠2岁多的弟弟一个人在市场周边玩，发现地上有半瓶没喝完的"可乐"，非常高兴地捡起来就喝。后来出现中毒反应，家长盘问，才知道原来喝的是人家扔掉的洁厕灵。

[**案例2**]　李岩和哥哥在自家的门前玩一辆倒放着的小三轮车，车轱辘朝上，哥哥在一边欢快地摇，车轱辘飞快地转着。李岩觉得很好玩，想让车轱辘停下来，小手伸进去，把大拇指给卡住了。李岩大哭，大拇指血流不止，幸好妈妈及时地发现，给她止了血。

(3) 自理而卫生习惯欠佳

由于家长们忙于生计，没有太多的时间照顾孩子。这些孩子早早地就学会了独立，生活自理能力很强。有的2岁多的孩子就会认路，会自己上厕所、会穿脱衣服；三四岁的孩子会自己拿钱买东西；再大一点的孩子就常常帮家里做家务、照顾弟弟妹妹，非常懂事。

我们家儿子之前自己不会穿脱裤子，冬天穿的又多，脱下来穿不上去，他叫我帮忙，我就说你自己提，他还是不会，我就帮他穿了一次，以后都叫他自己穿。他自己慢慢地也就会了。他的事情我从来都是叫他自己做，这样他自己一个人在家也就会了。

——一位父亲评论自己3岁的儿子

但是，受到生活环境的影响，这些孩子往往缺乏良好的卫生习惯，如早上起床不刷牙洗脸；饭前便后不洗手，手总是黑乎乎的；不勤剪指甲，常把手塞到嘴里、揉眼睛；水果不洗就吃，还有的孩子拿到、捡到什么东西就往嘴巴里塞。这些不好的卫生习惯对于身体正处于发育中、免疫力较弱的孩子来说非常不利，会严重影响他们的身体健康。

（4）真挚而不擅表达

接触过这些孩子的人都会发现，孩子们特别质朴，感情特别真挚，再加上自由奔放的个性，他们很喜欢与人接触，见到生人也不害怕，见到老师更是会跑着扑到你身上，他们的热情总是让人温暖。

但是，当你尝试着和他们说话的时候，却会发现很多孩子都紧闭嘴唇，或者很久才挤出几个字来。孩子们羞于表达是因为他们的语言能力发展相对滞后，主要表现在：有的孩子方言较重，讲不好普通话；有的不敢在众人面前大方地讲话等。出现这样的情况的原因主要在于孩子从小就缺乏说普通话的氛围（家人对话都是家乡话），同时由于父母忙于生计，较少与孩子进行有效的语言交流和沟通。另外，孩子们在生活中很少接触到图书，很少阅读图书和故事，家里大人也较少看书，缺少阅读的氛围，因此他们的书面语言发展得也相对滞后。

（5）伙伴多而不擅交往

家长之间"老乡靠老乡，亲戚带亲戚"的交往方式也影响到了孩子们的交往方式，邻近的老乡常居住在同一个大杂院或四合院之中，邻里关系较为和谐，家长延续乡土社会"熟人社会"的关系也反映到了幼儿身上。老乡间不同年龄的幼儿通常在一起玩耍，因此，孩子们的伙伴总是很多，而且大哥哥姐姐会照看小弟弟妹妹，彼此之间都是以兄弟姐妹称呼。弟弟妹妹被别人欺负了，会有哥哥姐姐帮忙"出头"，保护他们。

　　但是，对于大多数孩子来说，他们来到一个陌生的环境，缺乏安全感，因此对周围怀有防范之心，容易将对方行为解读为恶性目的，再加上环境中的不良影响，孩子们往往缺乏文明的交往方式，容易以武力来保护自己，常用拳头"说话"，用动手打人来解决问题。

　　思考：你接触的流动儿童是否有上述特点呢？想一想还有其他特点吗？都写下来吧！如果你来自农村，那农村的孩子还有哪些特点？请你写写看！

_____

_____

> 任务卡

　　在大致了解了 3～6 岁孩子发展的水平，了解了流动儿童这个群体的一些特点之后，尝试着写一下对一个孩子的观察记录，看看你眼中的孩子是什么样子的。

观察记录

时间：_____

地点：_____

孩子表现：_____

_____

_____

你的感触：_____

_____

_____

_____

二、"教育是鞋"——我们的孩子需要什么样的教育

孩子的个性和生活特点决定了我们应该提供什么样的教育，只有符合他们的生活特点和实际需要的教育才是真正"合脚的鞋"。

1. 回归生活的教育

教育要紧密联系孩子的日常生活，回归孩子的生活世界，这是非正规学前教育的基本理念，也是活动设计编写和实施的依据。只有回归生活的教育才能保证孩子们机构教育和家庭教育的一致性，才能形成教育的合力，共同保证和促进孩子的健康成长和全面发展。具体来说，回归生活的教育要贴近孩子的日常生活，生活中的每一个事件、任何一个场景、时间段都是教育资源，应该抓住契机，随机、灵活地开展。如在生活的每一个环节都注重孩子良好的卫生习惯和行为习惯的养成；如引导孩子在市场上或是菜地里认识和了解不同种类的蔬菜、水果等。

2. 回归自然的教育

孩子们天性是自由的，天生是与自然相通的，他们能够在与自然界的交流互动中感受、进一步探索和了解，并获得基本的自然常识和科学常识。陈鹤琴先生说过："大自然、大社会都是活教材。"当下幼儿教育的误区就是给幼儿灌输太多东西，真正的教育应该是孩子在与自然的互动中的主动探究和发现。而流动儿童及农村的孩子们由于自身有着"自由"的特点，有很多发现和探究自然的机会。因此，我们认为"大自然就是孩子们最好的教材"，经常引导孩子们观察动植物、季节变化、天气变化等，发现大自然的真实和美丽，感受人与自然和谐的关系。

3. 回归传统文化的教育

我国传统文化中蕴涵了丰富的教育资源，而且孩子们来自农村，

农村的传统文化底蕴更为深厚，因此，应该重视利用传统文化来组织教育活动：逢年过节和孩子们一起了解节日的来源和习俗，制作相关的民俗物品，如端午节的五彩线，春节的对联、灯笼等；和孩子们一起玩传统的民间游戏，如吃毛桃等；经常开展剪窗花、折纸等活动。

4. 回归行为习惯的养成的教育

前面已经提到，孩子们的卫生习惯、交往习惯以及语言能力都相对较弱，而这些将影响孩子的一生，因此，在日常活动中特别注重孩子的行为习惯的养成教育，如每天早上都检查孩子的手是否干净、指甲是否剪了、衣服鞋子是否穿戴整齐；引导孩子轻声礼貌地说话；经常开展阅读活动，鼓励孩子大方地表达自己；开展洗手、洗手绢的小活动等。需要注意的是，这些行为习惯的养成并不需要组织专门的主题活动，而是渗透在一日生活的每个活动和每一个环节中，是成人与孩子交往过程中反复强调的，从而成为孩子的习惯。

总的来说，我们的教育活动的内容一般可以包括以下内容：

- 自然界春夏秋冬的季节变化及不同特点。
- 季节与人类的关系（衣物、保健等）。
- 孩子感兴趣的事物（如泥土里的小虫子、天空的飞鸟、滚动的轮胎等）。
- 孩子的行为习惯（如勤洗手、不挑食等）。
- 孩子活动中发生的事件（如发生争执、乱放玩具等）。
- 其他突发的事件（如停电、下雪）。
- 关于时间（一天、早午晚、星期、年月日、整点半点）。
- 孩子或家长身上的乡土民俗资源（窗花、风筝、柳笛等）。
- 传统节日（春节、中秋节、劳动节、儿童节等）。
- 你觉得还可以有什么呢？可以接着往下写，还可以把上面的写得更具体一些：

- _____
- _____
- _____
- _____
- _____

第四部分　走近家长

　　孩子们的性格和才能，归根结蒂是受到家庭、父母，特别是母亲的影响最深。孩子长大成人以后，社会成了锻炼他们的环境。学校对年轻人的发展也起着重要的作用。但是，在一个人的身上留下不可磨灭的印记的却是家庭。

　　　　　　　　　　　　　　——宋庆龄

　　家庭是孩子成长的第一环境，父母的一言一行、生存状况和生活方式都对孩子渗透着潜移默化的影响。来自家庭的影响，要比学前教育机构的作用大得多。

　　正如大家已经了解到的，非正规教育的一个重要特征就是"育儿互助""邻里守望"。也就是说，非正规教育强调家长参与，强调在面向孩子的教育过程中发挥家长的作用。

　　只有走近家长，我们才能了解到家长和孩子的生活状况，了解家长和孩子的关系，了解家长的育儿观念和期待，以及育儿过程中的经验和困惑，才能开展适合孩子的教育和适合家庭的育儿指导，服务家长。

如果你自己就是家长中的一员，你的孩子正在或者将在非正规教育组织中成长。那么，你了解身边的这些家长吗？他们做的是什么工作？对养育孩子的态度是怎样的？各自有什么样的特长技能？存在什么样的需求？

现在我们做一个小游戏：请你任意选定一位家长，想一想，你是否清楚他的这些信息：

家长的基本情况

家长的姓名：_____

家长的工作：_____

家长的老家：_____

家里的子女：_____

孩子的家庭住址：_____

家长的经济状况：_____

家长的育儿态度：_____

家长的育儿困惑：_____

家长与孩子的关系：_____

家长的教育期待：_____

家长的特长技能：_____

其他信息：_____

首先，教师与家长是伙伴、是朋友。我们必须承认：家长身上有着专职教师所不能及的教育力量和资源，他们与孩子相处时间更长、随年龄而累积的育儿经验更为丰富。只是因为家长迫于生计，没有意识到自己的巨大力量、缺乏自信，需要教师来唤醒和引导。

但也只有首先和家长成为朋友、彼此信任，才能和谐、融洽地实现"引导"。

其次，家长是非正规教育的合作者和支持者。教师的主导作用体现在唤起家长的育儿信心和潜能，激发家长发现自身的教育资源和能力，为家长朋友育儿提供一个分享和尝试的平台，能者为师，大家互帮互助。育儿不存在权威，只要适合孩子的就是好的。

再次，教育孩子与引导家长是同步的。这是我们幼儿教师的职责，也是非正规教育的理念。孩子的成长需要家园合作。家园教育如同一车两轮，需要朝一个方向使力才能前进，如果家园的教育方向不能协同一致，就会抵消教育效果，形成 $1+1=0$ 的结果。

因此，我们的目标是：与家长建立信任关系，引导家长改变教育观念，帮助家长解决育儿中的困惑，提升家长的教育意识和信心，唤起"家长是孩子第一任教师"的责任感，从而把组织的教育和家庭教育结合起来，有助于把教育延伸到家庭中，实现教育的一致性，这也是教育可持续发展的有力保障。

一、家长面面观

四环游戏小组的家长远离故土，携妻带子来到城市，希望用双手和汗水创造更美好的生活。然而在这座钢筋水泥铸成的城市里，他们是怎样生活的？以下是我们看到的家长生活图景，你可以把它作为参考，看看你身边的家长，是否有相类似的特点？还有哪些更为独特的地方？

1. 生活写照

（1）隔绝的生活圈子。我们的家长来自全国各地，即使在同一个工地或市场劳作，经常交往的也大多限于老乡。家长们大都是依靠亲戚朋友的关系来到城市打工，来自同一个省份、同一市县甚至同一个村的老乡往往住在一起，形成了一种"熟人交往方式"。这也影响到了孩子们的交往方式——他们的玩伴也是"小老乡"或者住得近的孩子，形成一个相对固定的小"人际交往圈"，"圈内"的孩子彼此像亲兄妹一样照顾着，但与"圈外"的人保持着距离和防范，一旦发生冲突，就习惯用拳头来解决问题。

（2）无规律的生活作息。家长们的生活都是围绕着生计展开的，没有所谓的上下班和休息日，一切为生计服务。家对他们来说只是吃饭、睡觉的地方，忙起来时饭都顾不上做，直接在市场或工地上就近凑合买点儿吃。家长每天工作 12 小时以上，孩子也跟随父母的作息时间，有的需要早晨五六点就起床，有的跟着父母下午一两点才吃午饭，晚饭也要看父母的休息时间而定。

（3）相对贫乏的文化氛围。这些远离故土来到城市打拼的家长们，都是农村里的精英，为了追求更好的生活才来到城市。但是由于城乡二元体制的对立，使得他们处于城市的边缘地带未被接纳，也没有机会享受城市的公共文化设施。文化生活贫乏单调：少数家长看看报纸和电视；下雨或者没什么活干时，几个老乡凑在一起打牌赌点小钱。在这样的生活背景下，孩子很少有机会阅读图书或享受亲子交流。

（4）"放养"的育儿方式。因为忙于生计，家长很少有时间和精力照顾孩子，也几乎没有人意识到父母应有的教育责任，只是偶尔抽出时间看看孩子在不在附近，只要孩子吃饱穿暖、不走丢就可以了。孩子处于放养的状态，想做什么就做什么，要么在忙碌的父母身边独自玩耍，要么在熙熙攘攘的人群中穿梭，要么在附近的大街小巷自玩自乐。

2. 家长的育儿观念及期望

想一想：你对孩子有什么期待？你的朋友们对子女又有什么样的期待？

在四环游戏小组的家长会上，家长们七嘴八舌地表达了自己的观点。

老师，你们那儿能不能教教写字和识字，还应该教一些算术？

我们家小孩能计算 10 以内的加减法了呢！

我们家孩子特别听话，能认识 1000 以内的数字了，能进行 20 以内的算术了。

我们家孩子是没有什么希望啦，我怎么教他都不会。

教孩子还是得老师教，我们说他根本不听。

我们平时也没有时间教孩子，只要他吃饱穿暖就行了。

——摘自四环游戏小组的一次家长会记录

我们一起来看看，它们是否也代表了你身边家长的想法？

就像你看到的一样，一方面，农民工家长群体中很多人认为教育就是要让孩子多识字、学算术；有的家长认为教育孩子是老师的事情。

另一方面，我们的家长虽然在城市里生活艰辛、工作辛苦，但是他们并没有抱怨，而是挺起胸膛、积极乐观、辛勤劳动，努力用自己的双手改变现状，创造美好生活。朴素的家长有一个共同的愿望，那就是孩子将来能受好一点的教育，过得比自己好。

我们这么辛苦地干活，不就是希望孩子将来能多读一点书，不要像我们一样太辛苦了。

我家孩子只要他没病没疼，健健康康就好，至于他将来做什么就随他了。

他只要不出事，不做什么坏事就行，读书就看他自己的能耐，只要他读得进去，我们肯定再辛苦也供他。

我们就是小时候没有念书才会这样，像你们读了书多好，以后坐办公室，得让孩子像你们一样，念大学才有出息。

——摘自四环游戏小组的一次家长会记录

也许这些期待和我们的教育理念并不完全一致，但这正是为什么我们要了解家长的原因。每个人不是天生就会做家长，"学为父母"是有一个过程的，这个过程需要我们与家长合作。

我们的教育理念是：

• 孩子是脚，教育是鞋，只有适合孩子的教育才是好教育。

• 教育孩子和引导家长同时进行，教师是家长的合作者和支持者。

• 教育没有绝对权威，没有一种育儿方式适合所有的家庭。

• 教育在我们的生活中，随时随处都有教育。

• 能者为师，只要你愿意，你就可以成为孩子的老师。

• 教育是开放的，家长资源、社区资源、社会资源都可以纳入我们的教育。

......

这些理念只有在与家长的合作中才能变成可操作的实践内容。虽然刚开始要家长接受、认同这些理念存在一定困难，但是只要我们坚定信念，通过各种方式建立与家长沟通的桥梁，随着孩子的变化，家长会意识到自己在教育中的重要地位，形成育儿自信，会逐渐参与进来，承担起育儿责任。

（3）亲子关系

"谁不愿意多休息一会儿，谁不愿意多陪陪孩子呀！"这是所有家长的心声。但是现实生活却不允许他们停下脚步：每日见涨的房租、伙食费、摊位费……诸多费用都等着他们来挣。休息一天就意味着少挣一天的钱，有的甚至面临失业，谁也不敢怠慢。虽然孩子每天在家长身边，但真正相互交流的时间非常有限，主要集中在吃饭和睡觉的时段；而且几乎每次都是匆匆忙忙地做饭、吃饭、收拾和睡觉，最多问问孩子今天打架没有、去哪儿玩了，真正试图走进孩子的内心世界、能够理解孩子行为背后原因的家长很少。

- 有的父母把教育孩子的责任交给了祖辈，只有在晚上吃饭才能见面。
- 有的家长不知道应该问孩子什么，怎么和孩子交往。
- 有的家长对孩子比较粗暴，动不动就瞪眼、打人、吓唬孩子。
- 有的家庭是父母和孩子没有在一起，只能通过电话沟通。
- 有的家长特别宠溺孩子，要什么就给什么。
- 有的家长觉得孩子太调皮了，不知道怎么办好。
- 也有一些家长比较尊重孩子的想法，与孩子一起讨论相关的事情，给孩子锻炼的机会。

家长与孩子的关系，对孩子的发展意义重大。在亲子相处过程中，家长会遇到各种各样的问题，有的家长很有办法，有的家长却很头疼。遇到育儿困惑，他们也想找个朋友说一说，看看有什么解决的办法。我们只有和家长成为朋友，家长才会信任我们，和我们分享自己的想法；同时，非正规教育组织也是家长们自己的组织，有必要给家长搭建一个平台，供家长分享育儿经验，讨论解决育儿困惑的办法。

小结

总之，我们的家长绝大部分是农民工，他们大多数人是初中文化，生活忙碌，很少有时间照看孩子，教育意识也比较薄弱，缺乏育儿的自信。在与孩子的日常互动中，家长遇到很多育儿问题，常常觉得自己拿孩子没有办法，只有老师才可以解决。认为教育孩子是老师的责任，很难意识到"自己也是孩子的老师，在每天的言谈举止之间都在传递着或正面或负面的教育影响"。

　　但是，我们在实践中越来越看到，家长来自地域广阔的农村地区，生活虽然艰辛，但是他们坚韧、乐观、淳朴，让志愿者们感动。家长有着丰富的乡土文化知识，有着宝贵的育儿经验，这些都是孩子最珍贵的"生活教材"。四环游戏小组努力实施非正规学前教育，把家长迎进教育现场，同时也深入走进家长的生活之中。我们一直坚信，家长有能力教育好孩子，能够承担起"孩子第一任老师"的责任。

二、家长力量大

　　正如孩子的成长需要我们等待一样，家长承担起"孩子的第一任教师"的责任也需要一个过程。家长需要的是我们的鼓励和支持，相信他们会成为称职的父母。深入了解我们的家长后，我们会发现，其实家长具有强大的力量，这种力量是教师无法比拟的。

1. 家长最了解孩子

　　家长是孩子的第一任教师，也是孩子接触时间最长的成人。在长期的共同生活中，父母对孩子的性格特点、习惯、与人互动方式了如指掌，正所谓"知子莫若母"。还有谁能像家长一样了解孩子？

　　我说说我们家的妞妞吧！从老家来北京才几个月的时间，她已经学会了好多东西，如画画、讲故事、做操、背儿歌、古诗、《弟子规》等，特别是她喜欢听故事。不过，她也有好多缺点：调皮、任性，还特别闲不住。她的任性也没少挨我的打，因为我脾气特别不好。

——摘自四环游戏小组家长妞妞妈的育儿日志

这是家长对孩子的了解，孩子优点、缺点都在家长的眼中。

我们虽然每天和孩子一起游戏，但是我们不清楚妞妞到底会背多少句《弟子规》、在家爱不爱听故事，我们看到的就是一个还比较听话的孩子，我们给妞妞妈的反馈多是"她今天表现不错"，很难像家长这样清楚地了解孩子。

[案例]《孩子的最爱》——这是一个妈妈对孩子的了解

最崇拜的人：警察（在他眼里，警察最神圣、最勇敢）

最喜欢的事：听故事（每天一个新故事，老故事也不厌烦）

最喜欢的动画片：迪迦·奥特曼和孙悟空（正义化身，降妖除魔）

最向往的地方：东街小学（用他自己的话说，我长大了，也要上东街小学）

最想吃的：麦当劳（一年去不了几次，每次去都特兴奋）

最喜欢的玩具：挖土机（玩坏了好几个挖土机，还是要玩挖土机）

（赵进成妈妈，2009 年 5 月 20 日）

因此，教师需要对家长持一种尊重、合作的态度，虚心地从家长那里了解一个真实的孩子。家长是教师教育孩子的合作伙伴，教师要通过与家长的密切沟通互动全面地了解孩子，从孩子的实际出发，有针对性地进行教育。

2. 家长身上有宝藏

我们的家长来自全国各地，他们身上潜藏着浓郁的乡土文化、有着丰富的育儿经验和很强的动手能力……这些都是重要的教育资源。可惜的是，家长为生计所麻痹，没有看到自身的教育优势。他们总认为自己是农村人，没有能力去教孩子，因此常常倾向于把教育孩子的责任推给幼教机构，推给老师。

我们开展面向儿童的教育和面向家长的宣传，不是要让家长成为被动的教育对象，说教式地告诉家长应该怎么去做，而是要引导家长看到自身的教育资源，鼓舞他们的信心，让他们看到自己也具备教育子女的条件。比如，可以和孩子一起玩儿时的游戏，可以利用生活中废旧物品给孩子制作玩具。

［案例］《家长小时候玩过的游戏》——这是我们对家长的了解
黄文科的爸爸：抽陀螺、打弹珠、抖空竹
徐若彤的妈妈：跳皮筋、踢毽子、抬花轿
刘星博的爸爸：滚铁环、斗牛、折纸
李子涵的爸爸：拍片儿、方宝
贾默默的奶奶：老鹰捉小鸡、挑棍
……

家长们小时候玩过的游戏也可以成为今天孩子的游戏。

想一想：你了解家长具有哪些资源吗？

你知道家长的职业是什么吗？例如，卖蔬菜的家长可以向孩子们介绍各种蔬菜；做建筑工人的家长可以向孩子们讲解各种楼房的知识……

教师的力量是有限的，几个教师顶不过几十位家长的智慧。我们走近家长，了解家长的教育潜能，发挥家长的最大潜力，鼓励家长发现自身的教育优势，调动家长育儿的信心，与孩子的成长结伴同行，使他们有勇气有信心通过他们自己的努力让孩子拥有一个健康快乐的童年。

3. 家庭教育内容广泛

在教育组织中，往往每周都设定好了教育内容，在固定的时间传递给孩子，例如周一故事、周二绘画、周三音乐等。而在家庭中，教育的内容要广泛得多。家长在一言一行中传递给孩子的，远不是那些机械的知识，而是作为一个"成长中的个体"所需要的方方面面的内容，例如培养孩子的独立性、培养孩子的做事习惯、培养孩子做人要求等，把孩子培养成为一个完整的人。

衣服干了，把它收回家。我对平涛说：自己的事情自己怎么着？他说：自己的事情自己做。他把他自己的衣服叠了。虽然叠得不是特别好，但是我还是鼓励他说：涛涛叠得真好，长大了，会帮妈妈干活了。他很自信地说：我长大了要自己洗衣服，现在我洗不动。有时候我干活时故意让他来帮忙，"涛涛把这拿来，把那拿来"，我常这样说，也是为了培养他的自理能力。

——摘自四环游戏小组家长育儿日志

涛涛妈妈很注重培养孩子的自理能力，让孩子自己的事情自己做，这比教给孩子认知方面的能力更为重要。家庭教育的内容是丰富多彩的，而教育机构给孩子的认知教育难免片面，就算教孩子行为习惯也是说教式的，哪有这种在生活中教得快乐和学得轻松？

从私塾到小学、中学，我经历过起码20位教师吧，其中有给我很大影响的，也有毫无影响的，但是我的真正的教师，把性格传给我的，是我的母亲。

——老舍《我的母亲》

我们的家长其实在生活中已经教给了孩子很多宝贵的知识，只是他们还没有认识到日常生活中的这种自己都意识不到的行为也是一种教育。在家长的眼中，教育只有老师才能开展，而自己什么也不会。其实这是不对的，教育是开放的，不局限于学习文化知识，更重要的是使幼儿成为"人"的知识。从这个意义上说，日常生活中处处都渗透着教育。教育中没有权威，有育儿经验的人都有发言权，家长是有能力教育好孩子，承担起子女第一任教师的责任的。

教师作为家长的合作者和育儿援助者，有责任去引导家长发现他们的教育行为的闪光点，认识到教育的内容是广泛的，在孩子的成长过程中，家长才是真正的教育者，是教育孩子成为"完整的人"的教育者。

4. 家庭教育无处不在

幼儿园这类机构教育有其局限性，孩子在围墙内生活，被剥夺了接触自然的机会，教育更多是在教室里开展，通过教师的讲解告诉孩子一些认知性内容。其实，学龄前的孩子更多的是要通过直接经验，通过亲眼看、亲手摸来学习的，我们何不抓住幼儿生活中的契机告诉孩子呢？

我下午去买菜，平涛和我一起去了。突然他对我说："妈妈你看，上面字还有6、1、8、7。"他说的是菜的价钱数字。我很耐心地对他说："这是菜的价钱，6毛1斤……"我牵着他的手一边走一边说，这是什么菜，那是什么菜。平常我买东西他也跟我去，但是没说过。今天他对我说了，我也很高兴。我觉得买菜和买水果，带着孩子一起去，让他多认识菜和水果，对他很有帮助。

——四环游戏小组家长

能够把生活与教育结合起来的教育家，非我们的家长莫属，他们才是生活教育的实践者。家庭教育孩子的方式和机构教育不一样。家长可以随时随地教育孩子，遇到事情因势利导，在生活中开展教育，方法灵活、有针对性。教育机构采取班级教学，用整齐划一的模式教育全体孩子，难以根据每一个孩子的特点因材施教，关注到每一个孩子的发展。但真正的教育恰恰应该提供一种与生活相联系的方式，让孩子在生活中学习，关注到个别与差异，因人而异因势利导，帮助每个孩子发展。

家长们在家里实施对孩子的教育，可是他们并没有发现自己行为的价值所在。我们四环游戏小组的志愿者就来充当起这个引导者，引导和帮助家长来自我发现，发现他的教育方式和教育行为；我们来做合作者，与家长一起讨论育儿的经验；我们更是协助者，为家长们提供一个平台，让家长们都聚集到一起，使他们的思想得到尊重，教育经验得到分享，在平等的交流中认识和发现自我的能力，成为有信心有能力的家长。

樊彭宇妈妈：他每次做作业很拖拉，写到10点还做不完，想揍他一顿，最后还是忍了，深呼吸一下，让自己静下来再跟他说。

顾庆爸爸：顾庆太淘气了，在家里是棍不离手，吃饭的时候也坐不住。我就对他说，你好好地吃完饭，晚上我给你讲故事。我知道他最喜欢听故事，就利用这一招让他好好吃饭。

魏清甜妈妈：我经常对甜甜说"你真棒"，她很高兴。孩子，只要多关心，说几句"你真棒"比什么都好，这样也能给她信心，她学得也快。

你们的家长是怎样教育孩子的？你发现他们有哪些经验？

_____

_____

_____

5. 家庭教育影响深远

你身边孩子的某些行为是不是有着家庭的影子？和他们的父母的行为是不是有几分相似？

家庭教育影响孩子的行为

四环游戏小组每天的活动仅两三个小时，孩子更多的时间是和父母在一起。郭潇雨家是卖包子的，父母很热情。每次有孩子去她家，她爸妈总是会拿包子给孩子们吃，这无形中影响了郭潇雨。她也常常把自己好吃的东西分给同伴们，哪怕只有一个苹果也愿意和其他小朋友一起分享。

家庭是伴随着孩子成长的第一环境，也是终身环境。父母与孩子的血缘关系及情感联系是天然的、密切的和持久的，父母的一言一行都在潜移默化地影响着孩子，这种影响是终生的。这使得家庭比机构更具有教育孩子的优势，影响力更大。曾经有研究指出，家庭对孩子的影响力接近 70%，而学校对孩子的影响力只有 30%。

今天下午，我带王团结去长椿街办事。办完事正要往回赶，他说："你不是说要吃麦当劳吗？"我一想，哦，对了，可我急着要回来。后来想一想，去吧！（提前说好了要去吃的）家长也要讲信用，不能说谎。

吃完的时候，他说妈妈，我去倒垃圾（因为每次吃完麦当劳，我就让他主动去倒垃圾）。然后，他端着盘子去找垃圾桶，服务员看见忙接过去，看着我家孩子，（可能是快餐店很少有人去倒的），团结转过身子的时候，她说："谢谢你，小朋友。"团结就说："不客气。"我想在教育孩子的同时也在教育我们大人，你的一个小小的举动就会让人很感动！

——四环游戏小组家长

家庭教育对孩子的影响犹如"春雨润物细无声"。王团结妈妈对孩子的教育，使孩子形成了讲文明的习惯，不用父母提醒就能自觉地去倒垃圾。这个习惯会使孩子终身受益。蔡元培曾经说过，"幼年受于家庭的教训，虽薄物细故，往往终其身而不忘"。

6. 团结起来力量大

一个家长的力量或许微不足道，但是众人拾柴火焰高，许许多多个家长团结起来，一起为孩子们的教育问题想办法。人人参与，拧成一股绳，就一定能拉动教育的大车往前行驶。另一方面，家长对育儿方面的认识和水平也是参差不齐的，有的家长很有办法，有的家长则拿孩子没辙，大家凝聚起来，相互之间出主意支招、彼此影响。有时家长之间的带动作用，远比老师说的话管用得多，因为他们有实际的例子，更让人信服。

[案例] 2009 年 7 月 29 日多云

看了大家的交流日记，深有同感，每个孩子的成长对家长都是一种惊喜。自从张阳进了游戏小组，进步有目共睹，从以前的一无所知到现在画画、写字、数数等等，让我们是看在眼里乐在心中。

现在这个年龄段的孩子接受能力是非常强的，只要正确引导，能学到好多东西。就拿张阳来说吧，有一次，他妈妈给他借了三

— 53 —

本书，其中有一本是看图识字，他拿着书问我，"爸，这个字念什么?"我拿过书看了一眼，就问他，下面画的是一幅什么画，他告诉我："一个太阳。"我就告诉他："这个字就是太阳的太，后面是太阳的阳，跟你的名字是一样的，你不认识吗?"他告诉我："知道了。"接着后面的字看完图以后都能认出来，还到处告诉别的小朋友。时间长了，不看图也能认出这些字，其实有好多事在不知不觉中孩子就学会了。家长只要好好地引导，他们都能学习并改掉不好的习惯。现在游戏小组停课了，孩子没地方玩了，安全就成了一个问题。前几天，张阳把头摔破了，希望家长们多注意自己孩子的安全问题。

还是希望游戏小组早日开课，给孩子一个游戏的天地，还孩子一个健康的乐园。

——张阳爸爸

张阳爸爸看到了其他家长的育儿日志，感触于自己孩子的变化，于是第一次提笔在育儿日志中记录下了自己的感受和孩子生活的点滴。在这个过程中，张阳爸爸不自觉地把精力从摊位转移出一部分给自己和儿子的生活。这个变化，恰恰是受到家长群体的影响。不仅如此，他还提醒其他家长孩子容易出现安全问题，相信其他家长看到之后，也会深以为然。

小结

孩子每天与家长生活在一起，家长清清楚楚地看到孩子的一举一动，知道孩子的性格，并且在日常生活中不留痕迹地对孩子进行教育，比如让孩子整理自己的物品、一起外出时看到什么就和孩子说说，真是随时随地都在静悄悄地开展教育。家庭对孩子的影响是持久的，孩子吸收了父母的行为方式、道德观念，这些无一不在影响着他日后待人接物、为人处世的态度和方式。

三、架起与家长沟通的桥梁

由于生活的无奈，我们的家长对孩子的教育关注不多，但家长是具有教育力量的，并且在日常生活中已经渗透着对孩子的教育。家庭教育对孩子的影响潜移默化，持久深远。因此，非正规学前教育机构需要发挥家庭教育的优势，与家长合作，增进对我们的孩子的了解，也有助于我们设计教育活动，开展个性化的教育策略，做到因材施教；对家长来说，他们也会更有意识地关注孩子，参与到孩子成长中来，学习"为人父母"，提高教育信心，承担起父母是孩子第一任教师的职责。

家庭和幼儿园就像一辆车的两个轮子，只有协调并配合好了，朝着一个方向努力，孩子才能健康地成长。所谓"根深才能叶茂"，家长与老师的合作，才能为孩子的成长创造坚实的基础。家园合作让我们发现真实的、全面的孩子。

教师和家长之间的联系，关系到孩子的健康成长，有助于建立孩子的安全感，让孩子的学习与日常生活保持连续性。

——华德福教育思想

幼儿园与家庭应建立有价值的联系，我们成为家长的朋友，家长也更多地了解幼儿园的老师。

——四环游戏小组

每天家长接送孩子的时候，我们可以与家长聊上几句；有时候也去孩子家里坐坐，与家长相互沟通了解孩子的情况，相互理解对方的想法。一方面是走到家长中去，一方面是把家长拉进来。四环游戏小组在实践中通过各种渠道与家长建立朋友般的感情，形成合力教育孩子，也让家长慢慢地认同我们非正规教育理念，参与到组织的活动中来。

我们在实践中与家长沟通的方式很多，每一种方式都有不同的作用，大家可以根据自己的需要和条件选择合适的沟通方式。总之，与家长沟通没有固定的形式，须要因地制宜地创造适宜而有效的方式。

1. 串串门、聊聊天

游戏小组在四环市场内，我们的家长都是四环市场的摊商。基于这个便利的条件，我们每天放学后都会去摊位上和家长聊聊天，说说今天的活动或者是问问孩子最近的情况等。这种经常性的互动，非常有利于增加家长与老师、孩子与老师之间的理解和感情，发挥邻里互助的作用。

如果您和家长住在同一条巷子里，或者您和家长是老乡，或者家长在附近工作，这些都是我们走进家长的便利条件，和家长拉拉家常，碰到事情相互搭一把手，是很有人情味的沟通方式。

邻里串门时我们可以聊的话题

①和家长聊聊他们的生活和经历，嘘寒问暖，尽可能地去理解他们。

②介绍当日教学活动及孩子的情况，提供家庭中可以开展的教育活动，增进亲子互动。

③针对近期家长提出的育儿疑惑，咨询家长的意见，并为家长提供有针对性的应对方案。

④挖掘家长自身的教育智慧，促进家长之间分享交流育儿的经验和答疑解惑。

⑤及时分享最新的与流动人口及其子女有关的教育、医疗、公共服务等社会信息。

⑥介绍一些基本生活常识和护理知识，例如怎么给孩子退烧、

怎么防治冻疮等。

2. 因地制宜——宣传页、育儿广播、家长园地

在四环游戏小组，我们每天发宣传页给孩子带给家长，让家长了解"幼儿园"的活动情况，给家长提供一些育儿资料，服务于家长，并把教育延伸到家庭中。宣传页方便阅读，又具有及时性，能有效地联系家长和教师。如果你的"幼儿园"有广播喇叭，还可以通过育儿广播通知家长，介绍今天活动的主要内容，最近需要注意的事项等。育儿广播能高效快捷地把育儿信息传播给家长，这对于不识字的家长更具有意义，也能辐射到其他摊商，为每日生活增添乐趣。如果幼儿园墙壁上有黑板，可以开辟家长园地，家长接送孩子的时候就能看到等。

示例：四环游戏小组宣传页

2008 年 9 月 26 日

育儿知识宣传——注意电视对孩子的影响

亲爱的家长，电视可能是孩子获得信息最多的渠道。您可能发现孩子在家很喜欢看电视，那您有没有注意孩子喜欢看什么节目呢？年龄小的孩子容易接受外界的影响，而且他们有很强的模仿能力，您可能也发现自己的孩子看到别的孩子吃巧克力也会让您给他买。那么电视中的各种形象也会对孩子构成影响，孩子也会模仿电视，如果孩子经常看武打片，孩子就会容易出现攻击性行为。家长应该对孩子看电视有一些引导。另外，电视有辐射，经常看电视不利于孩子的健康，而且会导致孩子视力下降。家长可以规定孩子看电视的时间，比如每天不超过 1 小时，一次不超过 30 分钟。家长还可以和孩子一起看，选择一些有利于孩子的节目，孩子喜欢模仿，如果看到爸爸妈妈看得高高兴兴，他们也会凑过来。在看完节目以后家长还可以问孩子一些问题，帮助孩子回忆里面的人物、情节，锻炼表达能力。

数字歌：

　　一二三，爬上山，四五六，翻筋斗，七八九，拍皮球，伸出两只手，十个手指头。

　　谜语：

　　绿帽子、红衣服，上边粗，下边细，身上还有小胡子。（萝卜）

温馨小提醒：

　　我们最近主要培养孩子养成爱护环境的习惯，请您在家里也注意培养孩子不随地丢弃废弃物，把烂纸扔到垃圾箱里。

口号：爱心、自立、分享、共建

我们的宣传页是这样制作的：

①语言通俗易懂，浅显生动，以朋友的口吻，和家长在说话；

②内容生活化、有针对性，是家长想要的；

③篇幅短小精悍，方便家长阅读；

④宣传页上有组织的名称、标志和口号。

3. 让我仔细地看看你——促膝长谈

平时和家长的沟通比较多、也容易进行，但大多是浮于表面上的，不够深入，有必要通过家访对孩子生活的环境、家长的教育态度和行为，以及亲子关系进行深入的了解，了解家长的育儿困惑和经验。深入家访，有利于帮助教师从家长的视角来理解孩子的行为及家长的教育观念和行为。我们一般每个学期至少对每个孩子进行一次深入家庭访谈，时间不定，以家长方便的时间为准。

家访不同于日常沟通，要做好家访，需要有更多的考虑和准备：

①家访前应考虑清楚：哪些信息是我要反馈给家长的，我想从家长那里获得哪些信息；有没有什么特殊的事情需要和家长沟通；

②在访谈中，需要用心倾听家长的声音，看看家长有哪些育儿经验、建议、困惑，看看家长对组织活动有哪些看法等；

③访谈后要及时地整理资料，对家长提出的一些问题要尽快做

出反馈。

思考：

- 我们有与家长日常沟通了，为什么还须要深入家访呢？
- 给您印象最深的一次家访是哪一次？您从家访中了解到了什么？
- 对于家访中家长提到的问题没有现场解决的，您有没有事后给出反馈？

4. 集体大聚会——家长会

家长会是与家长沟通的最普遍的方式。四环游戏小组每个月开一次家长会，家长和老师坐在一起，面对面地交流：老师介绍总结这个月的活动、家长讨论育儿话题，或者大家一起商量我们遇到的困难提出解决的办法等。

家长会是家长和老师相互认识理解的过程，彼此相互交流教育孩子的方法，逐渐达成一致的教育观念和措施，建立密切联系和关系。比如，有的家长可能认为送孩子来就是写字和数数的，有的家长教育孩子"别人打你你就打他"，这种教育观念会对孩子发展造成不好的影响，通过家长会上的讨论，大家一起来认识"哪些教育内容对学前儿童有价值"、"同伴问题怎么来处理对孩子是有益的"。

我们的家长会流程是这样的：

①热身游戏，活跃气氛，增进家长们相互认识；
②本月活动回顾，与家长一起说说孩子的情况如成长与变化等；
③育儿话题大家说，一起出招；
④家长学堂，就家长们普遍遇到的问题提供适宜的做法；
⑤安全面对面，把孩子的安全握在手中。

家长会召开之前，老师先要与家长多一些日常沟通，坚持不懈地动员家长，家长才会走进组织哦。

［案例］家长学堂：今天，我的妈妈当老师

老师：刚才提到了一个问题，就是我们家长当老师时，孩子一方面高兴，一方面又难缠。下面我就和大家分享一个小故事"今天我妈（爸）当老师"（边展示手绘的故事，边给大家讲）。今天是小宝妈当老师，小宝很是开心，在小朋友中间咧着嘴笑，总是希望引起妈妈的注意，我们的家长有没有遇到过这样的问题，遇到了又是怎么解决的？

在非正规学前教育组织中强调家长是教育的主体，参与组织教育活动中，一方面给老师搭把手，家长的参与本身也是一种现场培训。家长来幼儿园当老师也会遇到一些问题，我们通过画面展现情景，就面临的现实问题引导家长讨论，问题的解决办法也就慢慢地产生了。

中间给家长讨论的时间，让每个家长说出自己是怎么解决的，或者是打算怎么解决。接着呈现你可以这样做：

在家长们通过讨论找到了解决问题的好办法，老师最后来总结、理清这些家长们分享的好方法，在这个过程中，家长们是通过"自我教育"实现提升，通过赋权增能的方式帮助家长增强育儿信心、提高育儿技能。

5. 这里很精彩，请你快进来——大型活动

家长工作是向父母告知幼儿在园的情况，但告知不是"告状"，更重要的是要引导家长。大型活动是课程的组成部分，也是家长工作的一种方式，兼有教育儿童和影响家长的功能，促进家长和孩子互动，改善亲子关系；发挥密切联系家长与老师、家长与家长之间的关系，增强组织的凝聚力的作用。

在大型活动中，家长能够看到孩子的变化和教育效果，增进家长对组织的认可，激发家长参与孩子的生活，参加组织活动的愿望。在四环游戏小组，我们定期组织的大型活动包括：元旦游园会、游戏小组的周年庆祝、亲子运动会、春游、六一儿童节、秋游、亲子故事大赛、废旧材料制作玩教具等。这些活动为家长和孩子创设相处途径，为亲子间的交往搭建载体，也让家长看到生活中的教育。

春游的注意事项

①选择合适的目的地，不要太远，最好是接近自然的，有能够活动的场地。

②事先联系好车，踩好点，确定路线怎么走以及沿途厕所的位置。

③提醒家长一路须要注意的安全事项，并"大手拉小手"。

④在游玩中保持队伍的紧凑性，可以有适当的自由活动，但是以集体行动为主。

⑤在活动中，多发挥家长的作用，比如：可以请家长联系车或者带队等。

思考：

①玩、教具制作是把我们生活中的废旧材料变成宝，丰富孩子的活动；激发家长参与活动积极性，发掘他们身上的乡土资源，使家长获得教育信心和自我肯定；将教育延伸到家庭，促进亲子关系，增进亲情；也能让家长体会到非正规教育组织的低投入、高效益的教育理念。那现在就让我们一起来想一想：我们小时候玩过哪些游戏？我们的生活中有哪些废旧材料？这些废旧材料可以做什么好玩的呢？

②您在您的"幼儿园"中开展了哪些大型活动？请与大家分享您的经验。

---

6. 组织的力量真强大——家委会

非正规学前教育组织不像正规幼教机构那样，过分强调教师的专业化和高学历，我们推崇能者为师。流动儿童的家长来自全国各地，他们带有各地的民俗知识乡土文化，这些都是重要的教育资源；同时敢于走出农村来闯世界的人都是农村里优秀的人才。如果能够把这些力量集中起来，我们非正规教育组织的发展就有了坚实的基础和动力。

比如四环游戏小组，在与家长日常沟通建立友谊的基础上，慢慢发展出一批骨干家长；在骨干家长的带动下，游戏小组成立了家长委员会。家长委员会定期召集家长，就孩子的看护与教育问题进行讨论，分享教育经验，做好家长与老师的协调沟通工作，承担起组织的管理工作，把组织当做自己的家，共同建设好孩子的乐园。

[案例] 我们为组织的生存献计

这是四环游戏小组在 2009 年 4 月份家长会上就对市场计划不再提供场地给我们时，家长们纷纷提出各种解决的办法。

老师：现在就是两条路，另找地方，或者继续沟通，但如果沟通不了，可能还是办不了。这是我们自己的事儿，大家一起出主意，想办法。市场不让我们在市场范围内再办游戏小组，但如果在市场外，孩子得过马路来活动，还是不安全。

刘校长：我们给孩子上保险，把责任减小。市场就不用那么担心。写份生死责任书。

王甜甜爸：第一步打算就是找场地的问题。

李德元爸：写份感谢信，大家都签名。

刘校长：先歌功颂德，说我们实在无处可归了，这儿就是我们的落脚之地。

刘校长：不行就给报社记者打个电话，说我们的孩子无处可去了，调查一下大家有什么感受。

陈罗玉妈：听唐老师说，张主任必须得找个法人担保，到哪儿找法人啊？

徐若彤妈：写信关键是怎么写？说什么都没用，出了事儿，法人到哪儿找？监护人能当法人吗？上了保险是不是管用？

陈罗玉妈：咱们也得缓一步，既然没直接回绝我们，就还有余地。

徐振宇爸：我们没有法人。

李德元爸：如果关了，孩子在市场乱碰乱撞，危险系数更大。

朱海倩爸：任何一个商户出面，都不会采纳，写封信家长都签名也许还能起点作用。

贾沫沫妈：戴胸卡，不是游戏小组的小孩儿不能来。

老师：也就是咱们有保证的措施了，也上好了意外伤害保险。咱们也得出两个家长代表一起跟办公室沟通。哪两位家长来做家长代表？

（几个女家长推选朱宇涵妈妈，朱宇涵妈莞尔一笑答应了。）

家长们和教师们一起坚持了5个月，采取了写感谢信、办保险、小分队活动等方式，最终，我们与市场达成协议恢复四环游戏小组的活动。这是长期的家长工作，使家长把组织当成自己的家，献计献策，一起建设和发展游戏小组。

我们共同回顾

我们一共介绍了六种与家长沟通的方式，他们是：

串串门、聊聊天

因地制宜——宣传页、家长园地、育儿广播

让我仔细地看看你——深入家访

集体大聚会——家长会

这里很精彩请你快进来——大型活动

组织的力量真正大——家委会

还可以有哪些与家长沟通的方式？

　　四环游戏小组的家长工作经过了一个艰辛的过程，家长最开始也是站在门外看教育，对孩子的教育不关注，也不认同我们的教育理念。而现在家长与我们像亲人一样亲密，家长参加游戏小组活动，关心孩子的成长，关注组织的发展，这是经过长时间坚持不懈的家长工作才取得的。

　　如果您在家长工作上遇到挫折，不要灰心，这是难免的。我们只要坚定信念，拿出我们的诚意和行动，换取家长的真心，赢得家长的信任。通过我们的行动，激发家长的育儿信心和潜能，建立与家长有价值的联系，家长就会慢慢地参与到组织的活动中来，并承担起育儿的责任，形成家长互助组织，邻里守望，共同保护好我们的孩子，建设好我们的组织。

第五部分　走近邻里乡亲

社区——我们的第二故乡。如果你的机构想要设在农村，依然可以沿用本章的思路，去思考你所在的村落和适宜的教育。

思考：

我为什么要来这里呢？＿＿＿＿＿＿＿＿

我来这里多久了？＿＿＿＿＿＿＿＿＿＿

我为什么选择了成为一名非正规教育机构的教师？＿＿＿＿＿＿＿＿＿＿＿

我所在的社区/村落是什么样的？＿＿＿＿

这里的居住环境＿＿＿＿＿＿＿＿＿＿＿

这里的街坊＿＿＿＿＿＿＿＿＿＿＿＿＿

这里的孩子＿＿＿＿＿＿＿＿＿＿＿＿＿

这里的家长＿＿＿＿＿＿＿＿＿＿＿＿＿

这里的……＿＿＿＿＿＿＿＿＿＿＿＿＿

我对这个环境满意吗？＿＿＿＿＿＿＿＿

在这里，我最满意的是什么？不满意的又是什么？

＿＿＿＿＿＿＿＿＿＿＿＿＿＿＿＿＿＿

　　你是河南人，我是湖北人，他是安徽人，她是四川人……我们来自祖国的天南海北，聚集到了这相同的城市里。我们都不是本地人，但要在这里生活很长时间，并且我们的孩子也将在这里生活很长时间。既然我们已经选择了这片土地栖身，那么，就把这里当成自己的第二故乡，用心去热爱、出力去建设。虽然没有在这里生、这里长，但我们已经来到了这里，便也可以对这儿的一草一木、一人一物发表自己的看法，可以在这里扎下根来。我们有能力、有活力、身兼一技之长，凭自己的双手劳动，走到哪儿都饿不着肚子。更重要的是，我们为这个城市的建设挥洒汗水，城市生活离不开我们。

　　把这里当成自己的第二故乡，意味着：

- 我是这里的主人；
- 我的生活由我自己开创；
- 我和这里的本地居民没有区别，我们同住一片地，同饮一管水，是平等的关系；
- 孩子们的受教育问题大家可以一起想办法解决；
- 我自己或是单个家庭力量微小，但可以和周围的伙伴商量，大家团结起来，共同讨论解决的办法；
- 社区/村落是一个大家庭，所有成员凝聚力量，就可以共同教育我们的孩子；
- 我有主动建设这片社区/村落的责任和权利，当我自己的基本生存需要得到满足后，还可以考虑：我能为这片社区做点什么。

　　当然，并不是非得把所有的问题都彻底想明白之后，才能开始组织非正规教育，因为任何一个人的思想都是随着经验的积累和时间的推移而慢慢转变的。但是，作为非正规教育机构的教师，我们必须在教学实践的过程中有意识地思考这些问题，逐步澄清观念，然后向家长进行宣传。在解决我自己的生存问题的同时，还能唤醒这里更多家长的教育自信、挖掘他们身上潜在的教育资源、凝聚每一个家长的力量，共同建设出一个邻里守望、家长互助共育的大环境，不是更好吗？

一、非正规教育组织与社区的关系

正如本书第一部分的"引子"所说，非正规幼儿教育组织是相对于正规幼儿园而提出的，它突破了正规教育的种种局限：不一定要专门的场地和时间安排、不一定按年龄编班、不一定具备大规模和严格的管理制度、不一定要求固定的组织形式。相反，它是灵活多样、便于开展的。可以是家庭托儿所，可以是小饭桌，可以是大树下的小分队，也可以是大篷车里的识字班……它是从老百姓的日常生活中自然而然地生发出来的，哪里有需要，哪里就可以有非正规教育；有什么条件，就可以办成什么样的非正规幼儿教育。

如果你所在的非正规教育组织已经成型，请你想一想，它是如何出现的？它与周边环境有着什么样千丝万缕的联系？

如果你正打算办一所非正规教育组织，请你想一想，你身边的邻里乡亲，有着什么样的育儿需要？可以怎样来满足这些需要？

就像你已经了解到的一样，非正规学前教育的产生是应需而生，形式因地制宜，核心是邻里守望、育儿互助。

那么，非正规教育组织在社区中处于什么样的地位呢？

1. 非正规教育组织的地位：文化娱乐中心

常常会有这样的感受：哪怕是到了一片完全陌生的环境，远远看见前方校园里高高竖起的旗杆，也会马上觉得亲切和温暖；哪怕是正经受着旱涝灾害，听见教室里传来孩子们的琅琅读书声，也会一下子觉得心里充满了希望。对于任何一个地区来说，拥有一所学校就等于拥有了文化和灵魂的根据地。教育组织就具有这样神奇的魔力。非正规教育组织也是如此，有了它，这一片土地就有了生命和活力。它是孩子们成长的乐园，是家长放心托付的对象，是教师自我实现的平台，是社区的文化中心。

作为社区的文化中心，我们不仅仅是面对孩子来组织教育活动，同时也会辐射到周边的居民，比如开展亲子游戏、亲子阅读等活动，组织的图书角经过扩展就可以成为社区或村子的图书中心，使得这一片的居民都成为受益对象；定期组织的春游、秋游等大型活动，不仅仅是组织在册的孩子才能参加，也可以扩大到周边感兴趣的居民，丰富大家的文娱生活。此外，即便是身体不便参加出游活动的爷爷奶奶们，也可以发挥自身丰富的乡土文化资源，参与到定期组织的家长自制玩具活动中来，把藤条变成好玩的小球、把绳子变成好看的盘扣……

2. 非正规教育组织与社区的关系：相互依存、相互服务

读到这里，想必你对非正规教育的特点和形式已经非常清晰了。

想一想，你所在的非正规教育组织，与当地社区是怎样的关系？是否你使用的教室正是社区或村居委会或街道里闲置的库房？是否你正与来自社区或村子内的热心人士和志愿者共同讨论明天的教育活动？……

可以说，非正规教育组织是依托于周围环境而存在的。然而，非正规教育组织对社区或村落并非是完全依赖的关系。

总之，我们的非正规教育组织和社区是相互依存、相互服务的，社区为非正规幼儿教育的发展提供条件和资源，而幼儿教育的发展又直接为满足社区需要而服务。

数一数，你所在的非正规教育组织，已经为多少个家庭提供了学前教育的支持？是否已经为社区输送了不少优秀的小学生，得到了附近居民的普遍认可？社区或街道的节日庆典是否也曾邀请你和孩子们去参加？……

二、在融合中共同发展

事实上，幼儿教育从来就有着非常浓厚的地域性特点，不管是农村、城市，还是城乡交界地带，其特有的自然地理环境、经济文化、社会风气、民俗传统及生活方式等，无一不对当地的幼儿教育渗透着影响。对于非正规教育来说，这种地方性体现得尤为突出。

由于幼儿教育的对象是学龄前的孩子，他们绝大部分的时间是在家庭、社区里而非教育机构中度过，不必学习系统的文化知识，他们更侧重于生活经验的积累、自理能力的培养，以及行为习惯的养成，而这些无一不是在日常生活中习得的。因此，与中小学教育相比，幼儿教育与社区、家庭的联系更为紧密，幼儿教育最应该是"社区教育"，也就是：了解所在社区的特点，密切结合孩子的生活和家长的需要，充分挖掘社区内的可用资源，并进行整合，"人人为我，我为人人"，以一种高的站位和开放的心态来办教育，最终实现本组织和社区的双赢，在融合中共同发展。

应社区的需求办教育，需要考虑：

①我所在的教育机构与社区是怎样的依存关系？

②社区环境里，有哪些资源可以为我所用？

③社区公众里，谁与我所在的教育机构有着实际或潜在的共同利益？

④我的机构可以怎么样为他们提供服务，从而建立起支持、信任的合作关系？

⑤通过哪些途径，可以为组织的生存与运转创造良好的条件，

从而实现双赢？

你还想到或是需要考虑哪些问题，也可以写下来。

---

1. 共同发展的前提

要想赢得社区的认可和支持，首先要满足家长的基本需求。既然非正规教育是应家长的育儿需求而生，那么首先要做的便是完成这一与生俱来的使命：教育孩子、服务家长。

因此，非正规教育的教师首先需要考虑的，是如何对孩子负责、如何为家长服务。包括：认真组织好每一次教学活动、努力提升自己的教育技能、全身心地爱孩子、尊重孩子；在收取费用上考虑家长的承受能力、在接送时间上为家长提供便利，如果家长有特殊需要，可以提供提前送园或者延迟离园等服务等。满足了家长的基本育儿需求，非正规教育机构的价值才得以实现；家长之间口口相传，才能赢得更多家长的认可，赢得社区内更多人的支持。

2. 积极探寻自己服务社区的途径

首先做到了"我为人人"，才能要求"人人为我"。这意味着非正规教育机构要在满足家长基本需求的基础之上，积极探寻自己服务于社区的途径。

3. 实现本机构教育资源的社区共享

非正规教育机构的教育资源本身就是来自于社区的，取之于社区，用之于社区。因此，只要保证不影响正常教育，机构的房屋、场地、设备，完全可以对社区开放。比如，

①举办"周末开放日"，如果你有固定的教室或者小院子，每周固定一天（或几天），让周边感兴趣的孩子和家长都能进入活动现场来看一看，体验玩教具，接受老师的育儿指导和宣传。

②把受益对象的年龄段扩大，为0～3岁的孩子也提供一个享受学前教育的机会。对0～3岁孩子的家长进行指导，宣传正确的保育观念、培训科学的育儿方法。

③开展"玩具图书借阅活动"，在每周的固定时间段办理借还登记，让更多的家庭能够享受到我们的图书和玩具。

你还想到哪些实现本机构教育资源社区共享的办法？也赶紧写下来吧！

_____。

4. 履行教育机构的社会宣传职责

非正规教育机构的教师虽然并不要求专业出身，但既然有志于从事教育事业，就应该有意识地往专业化方向发展。通过自身的教育实践不断提升教学能力，最后也能逐渐成长为教育的专业人员。当我们自己的教育技能、教育水平、教育思想提升之后，也要能愿意与社区公众、与家长分享我们的观念。

①走到家庭中去，与家长和社区居民展开交流和讨论，发挥专业教育机构的传播和引导作用；

②不定期地举办"家长学堂"，对家长在育儿过程中遇到的普遍性问题和困惑，开展面向全体社区的讲座，进行答疑和指导；

③利用社区里的现有资源进行宣传。比如，四环游戏小组处于四环市场的管理办公室小院内，便可以征得办公室的同意，每天使用办公室的广播，开设"育儿小喇叭"环节，宣传简单易懂的育儿常识；如果你周边有社区的宣传板，也可以借用来发挥宣传作用。

④开展"家教热线"活动，开设一个专门的热线平台，社区内所有的家长遇到育儿困惑都可以通过这个平台进行咨询，得到解答；

⑤举办"家教辅导班"等活动，让我们组织的教育资源得到充分利用，从而使得教育的受益范围从机构的在册孩子扩大到家长乃至社区内的更多家庭。

5. 发挥社区精神文明阵地的辐射作用

我们既然成为了非正规教育的教师，就应朝着专业的文化教育工作者迈进，努力通过提高自身的素质，在社区公众中树立良好的形象，同时带动和影响家长，一起发挥社区精神文明阵地的影响作用，为创设良好的社区公共环境作出应有的贡献。比如：

①穿着得体，不穿奇装异服；

②举止文明，说话不粗鲁；

③时刻把自己当成社区的一员，积极参加社区的公共事务，比如参加社区的服务性机构和工作，参加家长咨询委员会、社区教育委员会等组织，与居委会、村委会和当地居民保持长期的联系，建立信任合作的关系；

④积极参加社区的公益活动，如社区环境地段卫生、植树绿化、交通安全、消防安全等活动，主动关心、配合支持并参与社区建设，更进一步地与社区融为一体。

以上这些方面，是非正规教育组织实现"我为人人"的途径，也是为自己争取到社区认同的基础。非正规教育组织解决了我们自己的生存问题，那么我们也应该尽自己的一份力量，为社区做一点什么。哪怕我们力量微薄，但众人拾柴火焰高，只要人人都出一份力，我们生活的环境就会越来越好。

6. "人人为我"：发掘社区资源，争取社区各方面力量的支持

教育从来就无法孤立于社会大环境而存在，非正规教育组织从一开始也是在社区中生根的，它的维持、发展、壮大社区的资源和各方面的支持。我们可以从以下三个方面来着手，考虑如何依托于社区的资源，寻找来自社区的支持：

（1）吸收当地的人力资源

非正规教育机构可以组织社区的人力来发挥作用，例如：

①吸收热心于教育的，或者有专长的家长和当地居民来当志愿

者，发挥他们的特长优势、辅助教师开展活动，这种方式能够很好地使孩子们扩大社会接触、增长见识。

②请退休的老教师为本机构的教师作培训，或者为本地区的家长办培训班，宣传正确的育儿观点等。

③挖掘家长中潜藏的教育力量，充分发挥家长的作用。比如，请来自各地的家长给孩子们讲述自己老家过节的习俗、拉动手巧的家长一起制作玩具等。

（2）吸收当地的物力资源

可以收集当地的单位或企业公司的闲置资源，例如：

①搜集剩余物资、边角料、废旧物品等，在符合卫生和安全要求的前提下，开展"自制玩具"活动，变成孩子们的活动材料。比如，用废旧的一次性筷子做成孩子们做操的小棍、用废旧的光盘和水彩笔筒做成好玩的"光盘陀螺"等；

②充分使用社区公共设施，借用街道的小广场开办亲子运动会、使用小区内的运动设施等开展户外活动、带领孩子和家长去街道图书馆进行集体阅读等；

③农村的非正规教育组织还可以利用广阔的田野乡土材料等得天独厚的自然环境条件开展各种活动。比如：看看麦苗的生长、观察蜗牛的爬行、用芦管做成好看的玩具、用柳条做成好玩的柳笛等，让孩子们亲密接触大自然，感受自然的广阔、和谐。

（3）吸收当地的财力支持

非正规教育机构正常运转的经费主要是来自于社区内的团体或个人，或者是申请项目基金。在成本核算的基础之上，综合考虑家长的承受力，可以依法确立合理的收费标准；还可以向效益好的企业、公司争取赞助，募集经费，用于改善机构条件，为孩子们创造良好的生活和学习环境。

此外，还可以与社区内其他的托幼机构定期联络，相互观摩学习，共同分享教育教学、家长工作、社区工作的经验方法，组成社区内的教育联合体，共同推动当地社区学前教育的发展。

通过以上方式，非正规教育机构一来实现了反哺社区，二来也能够为自己赢得社区居民更多的认同，从而为本机构的发展创造良好的外部环境。

7. "人人参与"：吸引家长参与，成立家长喜爱的文娱俱乐部

我们的非正规教育组织是从家长的需求中生发出来的，与家长、孩子、社区密切相联。它从家长而来，为家长而办，为家长解决育儿难题，并为家长忙碌而单调的生活注入新意。同时也能让自己更好地与社区融合，求得社区的支持。

（1）吸引家长参与，每人都贡献自己的力量

在非正规教育组织的运转中，教师并不是绝对的中心，家长才是真正发挥教育力量的主体。在日常的教学活动中，注重挖掘家长自身的教育资源，发挥家长的教育作用；通过平时聊天、家访，了解每个家长的特点，与家长建立起朋友般的信任关系；通过春游、亲子运动会等大型活动拉近家长间的关系，获得组织认同感，每一个人都成为这里的主人，积极主动地为组织发展贡献出自己的智慧和力量。

比如，在四环游戏小组就成立了家长委员会、家长值班制度，每月选举出下月的家长负责人等。为了自己的孩子也为了配合教师，家长们愿意每人都出一份力，相互监督、相互守望，营造合力共育的大环境；每次大型活动之前，教师和家长委员会的成员讨论活动流程、注意事项、任务分工；在每次家长会上，骨干家长带头发言；面对游戏小组即将被市场"暂停"的消息，平时不爱说话的家长也忍不住想办法、出主意。通过每月两次的值班，家长们耳濡目染了教师的教学方法、教育观念，日积月累，到了家里也能给自家孩子提要求。在这种"人人参与"的氛围下，家长的育儿水平提高了，组织也更团结有力了。

（2）让我们的组织成为家长流连忘返的文娱俱乐部

不论是在农村、城中村，还是城乡结合部，家长们的休闲活动都是非常单调乏味的。忙碌的生计，已经占用了他们太多的精力和时间。既然我们非正规教育组织是为了家长而开办，那么不妨把她变成家长的文娱俱乐部，哪怕是家长到教育现场协助老师组织孩子活动、给孩子讲故事、陪孩子做游戏，也能感到极大的放松；此外，还可以不定期地举行一些家长的文化娱乐活动。比如四环游戏小组在学期中举行"家长文娱竞赛"，从家长的生活出发，开设常识题抢答、身体传话、你画我猜等游戏竞赛活动，深受家长喜爱。百货区的妞妞妈甚至放下摊位来参加活动，她说："反正这会儿也没什么生意，我就是想玩，和大家一起太开心了！"当基本的温饱问题解决后，每个人都是渴望精神上的充实的。这种文化俱乐部的形式，恰恰也满足了家长这方面的需求。从而更加增进了家长对组织的认可、增进了彼此间千丝万缕的联系。当家长们真正拧成一股绳时，我们的组织就有了可持续发展的希望。

第六部分

走近活动现场

一、开展简单的教育活动

对于刚刚起步的教育组织来说，布置了活动环境，动员了参与的家长和孩子之后，最难的就是活动的开展。而且在起步阶段，很有可能参与的孩子数量较少。如何与孩子沟通，如何把活动开展好，如何吸引孩子及家长的兴趣，如何让孩子在活动中得到发展等，都是开展活动之前会想到的问题，我们在这个阶段，就先从一些最基本的活动及其需要的教育技能入手，来陪孩子一起慢慢长大。

1. 混龄教育如何开展

对于一个小规模的教育机构而言，一方面，资源限制了我们不会把孩子按照年龄分成几个班，而是大小孩子在一起活动；另一方面，混龄教育其实更能够让大孩子带动小孩子，让大孩子学会做榜样、分享、照顾弟弟妹妹。而小孩子则学会模仿哥哥姐姐的做法，对自己的要求也会相应提高。不同年龄孩子们的互动，创造出一种和谐的家庭氛围，孩子们在这个家庭氛围中，能获得更好的发展。

在这部分简单的教育活动中，基本上是适合于混龄状态下所有孩子的，只是可能需要对大小孩子的要求不一样，对大孩子的要求应该高于小孩子。具体操作方法在接下来一些活动中再做说明。

[示例] 请你跟我一起念——简单有趣的儿歌

"一二三四五，上山打老虎，老虎没打到，打到小松鼠，松鼠有几只，我来数一数，数来又数去，一二三四五。"

这首儿歌想必大家也都耳熟能详，琅琅上口，孩子在诵读的过程中，轻而易举地了解数字。

小白兔，白又白，两只耳朵竖起来，爱吃萝卜和青菜，蹦蹦跳跳真可爱。

小鸡小鸡叽叽叽，爱吃小虫和小米。小鸭小鸭嘎嘎嘎，扁扁嘴儿，大脚丫。

小青蛙，呱呱叫，专吃害虫护庄稼。小肥猪，胖嘟嘟。吃饱饭，睡呼呼。

小松鼠，尾巴大，轻轻跳上又跳下，我帮你，你帮他，采到松果送回家。

小孔雀，真美丽，身穿一件花衣裳，衣服干净又整齐，我们大家喜欢你。

小动物是孩子们喜爱的，这几个关于动物的儿歌简短、形象，十几个字，就将动物的特征说出来了。当和孩子看动物图片时，当和孩子一起去动物园时，看到这些动物就随口说出儿歌，让孩子将语言和形象对应上，孩子们一下子就能学会很多知识。

在说儿歌的时候，还可以配合动作，一起表演，比如小兔子的儿歌，就让孩子把两手举到头顶当耳朵，说到蹦蹦跳跳时就学着双脚跳，生动有趣。

在前面论述教师角色及职责的过程中提到过，作为教师在活动之初至少应该掌握一定数量的儿歌、故事等。这是因为儿歌总是和儿童的游戏活动相伴相随，诵读儿歌本身就是游戏的一种形式。儿歌或是童谣一般比较短小，句式多样，富有变化，节奏鲜明，琅琅上口，易念易记易传。跟孩子们一起念儿歌，通过形式的变化及与其他活动形式的结合，就是非常简便的且易于开展而又有趣的幼儿活动。

手册配套的资料包中有相当一部分儿歌，是经过四环游戏小组多年实践证明适合于面向流动或农村儿童开展活动的。孩子们念起儿歌来，不管大孩子小孩子，都非常开心。有些儿歌还可以配上动作，边说边动起来，动静结合，避免了教师单一枯燥的说教。

儿歌的用途还不止如此，在进行一整天的活动过程中，两个不同活动之间的衔接就可以用儿歌作为过渡环节。比如，户外活动结束，孩子们肯定不能一窝蜂全挤进屋里去（这样容易发生安全事故），部分孩子先进屋的时候，剩下的孩子就可以组织起来一起念个儿歌。而在屋里先坐定的孩子，也可以用个儿歌来集中注意力。

2. 如何开展阅读活动

阅读活动是非常容易开展而又容易吸引孩子注意力的活动形式。让孩子们从小爱上阅读，不仅能让孩子对书本产生浓厚的兴趣，而且培养良好的阅读习惯也能为以后的学习习惯打下良好的基础。在这里先简要介绍几个阅读的形式，在活动的初期都可以开展起来。

(1) 阅读角

阅读角，顾名思义，是在活动室中专门开辟的孩子看书的地方，也可以说是阅读小组、阅读区等。在这里，孩子们可以自由地选择想要看的书籍，教师只需要在孩子们寻求帮助的时候给予孩子们一些指导和建议，家长们也可以在这里跟孩子一起进行亲子阅读。阅读角通常只需要安放一个小型的书架，投放大约 20 本的书籍（数量依照孩子们的现实情况来考虑），孩子们来到阅读角就可以自选图书来读。

阅读角的书籍投放有几个注意的点：

- 因为混龄的问题，所以，投放的书也需要有年龄分层。既有五岁至六岁大孩子能够自主阅读的绘本或者拼音故事，也要有三岁四岁孩子们可以看懂的简单图画书。
- 书籍应该做好相应的标签（比如，柜子的某一层上有一个三角形，这一层摆放的书上也贴上三角形的标记）便于孩子们在看完书后知道放回到哪里。这样也让孩子养成了一个好的收放习惯。
- 在阅读角的教师指导也是需要注意的问题。一方面，要给孩子自主阅读的机会，让孩子先去通过自己的阅读来对故事有大致的理解。另一方面，教师在适当的时候，可以给孩子讲讲故事，让孩子体会与成人一起阅读的快乐。与此同时，我们还可以充分发挥混龄的作用，让大哥哥大姐姐给小弟弟小妹妹讲故事，或者是在一起的孩子们相互分享自己挑选的故事书。

(2) 集体阅读

这里的集体阅读有多种形式，一种是手头有一本图画书，教师或者是孩子根据图画，面向全体来讲述这本书里的故事。讲述的过程中可以试着让孩子们看看图画上画了什么，有什么角色或形象，他们在做什么，画面表现出故事情节怎样进展，加深他们的理解和记忆。

另一种是没有书本辅助的，而是更多地借助于语言、动作、表情来讲述这个故事，在讲述的过程中，可能就更需要语言的抑扬顿挫、不同角色的不同声音、表达不同情绪的不同声音、模仿角色的动作、表情等。这样有助于孩子发挥想象力，理解故事情节发展。

还有一种是表演性质的，故事的角色分别由教师或者孩子担任，通过表演这种活泼的形式将阅读变得更有趣。

（3）亲子阅读

亲子活动一般提倡在家里进行，例如，每天睡前父母抽出十分钟的时间，跟孩子一起看个故事，或者给孩子讲个故事。在活动室里，如果家长有时间，也可以挑本儿书坐下来跟孩子一起阅读。亲子阅读是非常好的亲子互动与沟通方式，在无形中能够拉近亲子之间的距离。同时，通过爸爸妈妈讲故事，一方面，让家长们切身感受到自己对孩子所起到的影响，也有助于提高家长们的育儿自信。另一方面，孩子们也感受到了父母的关爱，更加喜爱阅读。这是一种良性的互动过程。

3. 自制玩具最有趣——孩子自由活动的开展

玩具是孩子亲密的伙伴，是孩子认识、探索世界的第一本无字的教科书。现在市场上有许许多多丰富多彩的成品玩具，这些成品玩具有多种多样的造型、灵活多变的玩法，吸引着家长和孩子。但实际上，并不是那些花钱买来的、看似非常精致的玩具才能发展幼儿的各种能力。相反，比起成品玩具，自制玩具具有材料易得、经济方便、可操作性强、容易让幼儿充分发挥自己的想象力等优点。所以，现在越来越多的幼儿园和家长都倾向于自制玩具，非正规教育更应该发挥自制玩具的优势，让孩子们在这些看似简单的操作材料中获得更好的发展。

在开办游戏小组前期，先准备好一些自制玩具，让孩子们有的可玩，而且玩的有意义是非常重要的。四环游戏小组在多年实践经验的基础上，整理出一套适合于孩子们操作的材料。这里仅列举出几个，说明一下使用自制玩具的一些要点。其他的详见资料包。

①户外玩具之沙包

孩子可以通过练习抛、接沙包等动作，提高其上肢动作的准确性及合作游戏的意识。

制作材料： 布头、针线、豆、米、沙等（这些材料简便易得，而且大多数老师和家长们自己小时候也玩过）

制作方法： 将布头裁剪缝制成六面方包，内装豆、米、沙等。

玩法： 两人一组，一人一个抛接器，面对面互相抛接沙包。可乐瓶剪成漏斗形抛接器。

沙包的玩法多种多样，可以投、夹、抛，还可以悬挂起来，纵跳起击沙包，也可以在包上缝一根绳，提着踢包计数。

还可以进行沙包投准、自抛自接包、两人近距离抛接包、顶包、夹包、掂包、抓包等游戏。

适宜年龄： 3～6 岁

②室内玩具之民俗拼图

拼图可以锻炼孩子的观察能力和对整体图像的逻辑思维能力，让孩子初步了解民俗图案。

材料准备：照片、彩打图案、剪刀等。

制作方法：把彩色图案（可以是旧挂历的民俗图案等）切割成几份，可以是不同的几何形，如果图案原料的底比较薄，也可以粘贴在硬纸板上。

玩法：先观察完整图形，再将各个小块打乱顺序，之后逐一拼摆，直至拼出完整图。

适宜年龄：4～6 岁

以上仅仅是室内和户外自制玩具的两个例子，在资料包中还有一些玩具自制的例子，都可以做出来提供给孩子们玩耍。老师和家长们也可以集思广益，自己开发出更多、更好玩的玩具提供给孩子们。

二、开展连贯的教育活动

根据四环游戏小组积累的经验，比较适合于非正规学前教育的活动组织形式有以下几种：室内集体活动、分组活动、户外活动、小分队活动、大型活动等。这些活动贯穿于日常活动中，相互之间的过渡、衔接等都是需要注意的问题，先简单介绍一下这几种活动形式的开展。

1. 室内集体活动

室内集体活动是组织幼儿活动时非常常见的一种活动组织形式，是教师一对多的跟孩子沟通交流。这种形式有些类似于我们平时在中小学所见到的"上课"，但这两者却是有许多区别的。

对于我们面对这样一批学前孩子来说，用类似"上课"来灌输知识可是不行的，我们需要让孩子在活动中增加对自己、对周围世界的认识。集体的活动只是其中的一种组织形式。而活动内容可以是讲故事、学儿歌、教折纸、游戏、音乐律动等多样的活动，下面的照片就是一个爸爸老师在给孩子们讲故事。

活动可选择的场地：室内

适合的活动人数：10～20 名孩子

活动要点：

室内集体活动的适宜时长为 20～30 分钟，而且需要根据所面对的孩子大小做调整（如果小孩子偏多需要适当压缩至 15 分钟左右）。这是因为 3～5 岁的孩子注意力集中时间短，尤其是在这种集体环境下，更不容易长时间保持注意力集中。

在集体活动时，经常是孩子围成半圈，面朝教师，便于教师关注到所有孩子。孩子较多时也可以围成里外两圈，这时要注意高低的安排，避免视线遮挡。有时候也可以直接按照室内场地的安排，让孩子随意集中就座，只要保证孩子的视线都能找到老师就可以了。

一般从分散的情况下将孩子聚集起来（也就是集体活动的开始阶段），需要一个抓住所有孩子注意力的方法。有的老师会选择简单地大声说："小朋友们都坐好了，眼睛看着老师"，这当然也是一种方法，不过在这里推荐一个更有效的方法，那就是用简单的小游戏（手指游戏、有韵律的儿歌等）来引起孩子注意。孩子自然会随着老师的游戏一个个被吸引过来。（手指游戏、儿歌等见资料包）

活动优点：一对多的交流，传达信息的效率较高。

活动缺点：不利于老师关注到个别孩子的情况。

2. 室内分组活动

分组活动也可以成为区域活动，不同的区域进行不同的活动，

也就形成了不同的组。这种活动形式更注重孩子的自由选择，让孩子自己选择想要进行的活动，比如画画、阅读、拼图等。几个孩子选择了同样的活动，这就自然形成了一个组，每个组的活动可以是孩子独自地活动，也可以是一个小组合作的活动，各组之间互不干扰，每个孩子又可以进行完一个活动之后换其他活动。

活动可选择的场地：室内（通过桌椅的摆放，自然形成不同的区域）

适合的活动人数：每个组依情况而定，但最好不要超过 6 个

活动要点：

尊重孩子的自由选择，同时兼顾孩子的发展。也就是说，在自由选择活动的时候，应该是孩子选择的、他喜欢做的，而非教师强加在孩子身上的老师的意愿。比如孩子来了想要剪纸，而今天是有剪纸这个组的，那孩子可以去，不能因为老师觉得孩子画画不好就强令他去画画。但是，如果孩子一个星期都在剪纸，那教师的引导作用也需要适时发挥，找到孩子长时间选择剪纸的原因、兴趣点，帮助他转移兴趣点。比如通过他剪出来的东西，让他来色彩拓印，进而可以转移到绘画上，或者找一本剪纸图画构成的故事书，孩子说不定就会喜欢。

自由活动不等于教师就不管不问。这里说的就是教师的指导问题。其实，分组活动因为教师面对的孩子数量少了，反而更是了解

孩子，针对不同的孩子实施不同教育活动的良好契机。教师需要对活动材料、希望孩子在这个组中达到的目标有个比较明确的定位。比如绘画，虽然3岁的孩子只是乱涂鸦，教师可以试着引导孩子去给小鱼吐个泡泡，添个水草，提交简单情节，而5岁的孩子已经可以画出一幅构图比较完整的图画了。这也就要求老师平日里多观察孩子，多了解孩子的发展水平，从而才能提出适合于孩子的要求。

在这里，教师的身教大于言传。活动中，教师也可以参与到其中一些区域中去，比如坐在美工区画一幅画，去和一个大孩子下棋等，而不是坐在旁边监工似地巡视，或者手插兜里，训训这个，说说那个的。通过教师自己的尽情投入，孩子们自然而然地会模仿老师，也专心于自己正在做的事。

[示例] 四环游戏小组活动计划节选——小组蒙氏活动计划

阅读组（杨老师）：引导孩子自主阅读，给别的小朋友讲故事

绘画组：雪人

拼插搭建组（值班家长）：百变积木、穿珠

自制玩具棋组（马老师）：鸡毛蒜皮、跳坑

以上这个框里是四环游戏小组一次早上的分组蒙氏活动计划，可以看出，每个组会有一到两个主要投放材料或者是主题，这需要根据这一段时间孩子的水平及兴趣点来确定，要有连贯性并符合孩子发展水平。老师比较多的时候，每人可以专门指导一个组，便于深入了解及指导孩子的活动。老师人手少的时候，也可以采用巡视的方法了解每个组孩子的活动。另外，有些活动也可以采取室内集体活动和分组活动结合的形式，便于一些较困难任务的个别指导。

下图所示的就是四环游戏小组早晨的蒙氏分组活动的照片。由于条件有限，我们利用四张小桌子作为每个小组的活动"基地"，画

画或纸工组、阅读组、拼插及自制玩具组各占其位，也就自然分成了不同的区域。

3. 户外活动

处于身体迅速发育阶段的孩子，活泼好动，有充沛的精力，也需要大量的运动来配合其身体发展。一段时间的室内安静活动之后就需要出来活动活动身体，所以，户外活动的时间是必不可少的。再加上我们关注的这一农民工子女群体，本身因为粗放式的家庭教育方式，孩子的身体运动方面也比较有优势，我们更需要取其长，补其短，进一步促进孩子的发展。

活动可选择的场地：室外

适合的活动人数：集体情况下 20 人左右，分散为小组后，每组可以在 10 人左右

户外活动形式也是多种多样的，首先是一些不用器材就可以玩的游戏，比如我们的传统游戏丢手绢、老鹰抓小鸡、吃毛桃、跳房

子等，举不胜举。这样的游戏不仅好玩、方便开展，而且孩子们也非常的喜欢。建议老师们多多动脑开发出类似的游戏。再来就是一些简单常见的户外玩具，比如沙包、轮胎、球等，玩法多样，材料或玩具制作起来又简单便宜，很适合用来开展各种户外活动。

户外活动可以有集体的，也可以有自由的活动，老师可以根据情况具体安排。

4. 如何开展户外活动及一些简单的注意事项

集体的户外活动有集体游戏和自由游戏两种。集体游戏可以是大家一起做操，以及一些大家可以一起玩的游戏，集体游戏中还可以有分组的形式，考虑到孩子年龄或者人数而分成几个组开展不同的游戏。自由游戏是孩子选择自己想要玩的户外玩具，分散开来玩耍。

①户外活动开始前应该首先让孩子热身（热身一般可以用一些简单易学的操来进行），将身体关节活动开之后，再进行一些活动量大、比较激烈的活动。

②进行游戏之前，需要跟孩子解说游戏的规则，以及游戏中应该注意的事项，教师提出要求要明确具体，尽量让孩子能够理解，这样孩子在玩游戏的时候才不至于不知道怎么玩，或者发生不必要的摩擦。

③户外活动也应遵循动静结合的原则，孩子的体力有限，不能一直激烈运动。比如，在玩过老鹰捉小鸡这样奔跑量较大的游戏之后，可以让孩子们模仿小蝴蝶舒缓地慢飞，或者模仿小壁虎靠墙休息一会儿。

④户外活动，尤其是较激烈的活动之后，不应该让孩子立刻进屋，试着用首儿歌、手指谣等让孩子从兴奋转向平静之后再进屋，这样可以让孩子在室内外的活动中有个适应的过程。

户外活动之后，别忘了提醒孩子喝水哦！

[案例1] 集体户外活动

孩子一起玩吃毛桃游戏：老师带着幼儿围成一个圆圈蹲在地上，一名幼儿做"吃毛桃"的，绕圈走动，大家一起说儿歌："吃、吃、吃毛桃，吃得我心里怪难受。我走一走，我跳一跳，找个地方坐一坐"，说到这里的时候，吃毛桃的幼儿轻轻把屁股靠着另外一名幼儿的背上，这个被靠的幼儿问："干嘛来了？"

"吃毛桃来了。"（吃毛桃的幼儿）

"怎么不在你家吃？"（被靠的幼儿）

"我家有狼"，说这一句，吃毛桃的幼儿赶紧跑，被靠着幼儿赶紧起身去追。如果没有追到，那就由被靠的幼儿当吃毛桃的开始新一轮游戏，若追到前面的幼儿则由吃毛桃的幼儿表演一个节目。

这个游戏就是让孩子围成一圈，既能体验到集体游戏的乐趣，又能锻炼幼儿快速绕圈跑动，提高幼儿的反应能力。适合3～6岁的孩子玩。

[案例2] 户外自由游戏

自由游戏往往是孩子自己选择想要玩的户外玩具来玩，比如上面的照片上，妈妈老师带着孩子们将轮胎摆好，自然成了一条蜿蜒的路，孩子们或走或跳（双脚/单脚）通过这条路，就成了一种游戏。同时，旁边还有孩子在玩跷跷板、梅花桩、纸球、沙包等等。这种形式给孩子选择的自由，往往很受孩子喜欢。

三、开展小分队活动

小分队活动更能体现我们非正规教育灵活性的特点。由于场地、天气及其他特殊原因，集体活动无法开展的时候，老师在孩子住的比较集中的地区，聚集几个孩子在一起就可以开展一次小分队活动。这种活动更是不限场地、不限时间，具有非常大的灵活性。

如下面照片所示，我们在街道旁边的运动器械场地上开展的小分队活动，几个孩子和老师一起在地上画粉笔画、讲故事、说儿歌、聊天，过程中渗透了我们的教育。

那么如何开展一次小分队活动呢？

首先，聚集起几个孩子之后，可以先跟孩子们一起聊一聊他们今天做了什么，唤起他们的愉悦情绪，并把注意力拉到教师身上。然后，可以大家一起做做操，活动活动身体。身体活动开了之后，可以玩个运动量稍大的游戏，让孩子的身体真正动起来。之后，用儿歌、童谣让孩子平静下来进入安静活动阶段，开展粉笔画、折纸、阅读之类的活动。这样，就差不多成为一次动静结合的小分队活动了。以下是开展小分队活动的注意事项。

1. 人数限制

小分队属于小规模的活动，一般是1~2个老师和十几孩子为宜，可以根据活动场地的大小做适当调整，有时候 3～5 个孩子也能随机开展一次小分队活动。

2. 场地要求

小分队活动对场地的要求不高，只要在选择的时候注意排除一些安全隐患就可以了。

3. 可以开展的活动

- 粉笔画
- 折纸
- 讲故事（可以老师给孩子讲，可以孩子给孩子讲、可以孩子自己看书）、说儿歌
- 传统游戏、做操
- 引导孩子观察周围环境，观察一些孩子感兴趣的东西，如昆虫、小鸟、飞机、天空等。

社区志愿者王老师和
孩子们一起画粉笔画

分享阅读

[示例] 随时随地可以开展的粉笔画活动——经典幼儿游戏《丁老头》

分解画：

粉笔画歌谣：

一个丁老头（鼻梁），借我两鸡蛋（眼睛），

我说三天还（抬头纹），他说四天还（嘴巴牙齿），

丁 示 示 壹

烙了一张大饼（脸），准备去买菜。

买了三根韭菜（头发），花了三毛三（两只耳朵），

买了一块豆腐（身体），花了六毛六（胳膊）。

买了三颗纽扣（扣子），花了七毛七（腿脚），衣冠整洁真欢喜！

注意事项

①开展粉笔画要注意随着孩子的年龄特点调整难度水平。比如对年龄小的孩子，重点是帮助他们握好粉笔，锻炼小肌肉动作，发挥想象力，内容上可以用一些简单的线条、点、圈等，画出气球、吹泡泡、下雨、柳条等。结合想象让孩子讲讲自己画的作品内容；对于中年龄的孩子则要注重发展他们画完整的形状和图形，对于大孩子则要注意构图。

②开展粉笔画时，要注意培养孩子良好的习惯，粉笔断了的要及时捡起来，画完了将粉笔交给老师。

想一想： 自己平时的活动中哪些环节和地方可以用到粉笔画？（粉笔画的活动可以结合平时主题活动和户外自由活动时间经常开展，比如国庆节画五角星、国旗，中秋节添画月饼等，可以开展的内容非常丰富，您可以发挥想象，结合实际情况灵活开展。）

四、集体亲子活动

春秋游、运动会、游园会、周年庆，我们集体组织的亲子活动也是多种多样，丰富多彩而且趣味十足。春天的时候，组织所有家长带着孩子们一起去踏青，找找春天，玩玩游戏，让憋闷了一个冬天的大人小孩儿们都感受春天的气息；六一儿童节，大家到附近的空地、小广场上举办亲子运动会，各种竞赛项目让孩子和大人们一起过个开心的儿童节；元旦新年的时候，来个别具传统特色的游园会，把自己的活动室装扮得充满新年的气息，准备上一些好玩的游艺项目，让孩子和大人在欢声笑语中迎接新年；游戏小组自己的周年庆典，大家欢聚一堂庆祝游戏小组的生日，让这个组织的凝聚力会更进一步增强。

这些丰富的亲子活动，不仅孩子们玩的开心，大人们也在活动中拉近了关系，重新回到了童年。组织大型活动可以把平时较忙的家长聚拢到一起，大家一起跟孩子们热热闹闹地好好玩一次，放松身心，愉悦情感，让彼此之间更加熟悉，大家对组织的认同感和凝聚力也更强了。大型活动的一些具体情况比如组织流程、注意事项等在手册的其他部分有更详细的介绍，在此不再赘述。

亲子运动会　　　　　　　秋游——动物园

[示例1]　集体亲子活动范例——四环游戏小组庆六一亲子运动会活动方案

四环游戏小组宣传页　　　　志愿者老师

庆"六一"四环游戏小组亲子运动会

"六一儿童节"马上就要到了，这是孩子们自己的节日。为了庆祝孩子们的节日，四环游戏小组的志愿者老师和家长一起为孩子们举行庆"六一"亲子运动会。咱们家长和孩子一起参加活动，亲子共同体验游戏的快乐！希望大家都能玩得开心，欢欢喜喜过"六一"！家长们、小朋友们，在这阳光明媚的天气里，在没有厚厚的衣服束缚我们手脚的时候，有没有伸展腰身的冲动呢？咱们一起来运动吧！下面介绍一下咱们今天的活动项目，看看您和孩子擅长哪个项目。这么难得的机会，待会儿可一定要一显身手啊！

亲子运动会活动项目安排及温馨提示

8：30　在市场管理处的小院集合。请您带好孩子，并带上手绢和白开水。我们准时集体出发。

9：00　到达活动场地，如后海边的雨来散广场。按照属相给孩子分为三队，小蛇队、小马队和小羊队。家长和自己的孩子同队。可每队推选一名家长做队长，其他的老师随机配合。（提前准备好运动会需要的活动材料。家长协助老师将材料搬运到运动会现场。）

9：00～9：25　热身运动：韵律操、恰恰舞（亲子）。

9：25　运动会正式开始。

运动会共设置了九个项目，分别有家长的、孩子的，还有亲子的，而且是动静结合的。请仔细阅读游戏规则，听从主持人的要求，带领孩子在游戏的过程中遵守规则。其他孩子在比赛的时候请大家一起为他们加油。

上半场运动项目

★运动项目一：亲子游戏——套圈接力

游戏准备：六个自行车轮胎或橡皮圈，三个目标障碍物（可以由志愿者担当）

游戏规则：第一轮是孩子套圈接力，每队前按一定间隔各放两个自行车轮胎，发号施令"开始"后，孩子跑步出发，中途需要将轮胎从自己身上绕过，然后跑向目标障碍物，从目标障碍物绕过之后，跃过轮胎，到达起始位置，拍下一个小朋友的手之后站列队尾，依次进行，直至最后一个孩子完成。先完成的小组为胜。第二轮，"亲子"套圈接力。规则同前。只是以亲子为单位进行。特别是家长需要和孩子一起将轮胎或橡皮圈从二人身上绕过，再跑向目标障碍物。依次进行，直至最后一个家庭。先完成的小组为胜。

游戏价值：锻炼身体平衡能力，肢体灵活性及四肢协调能力，增强家长和孩子之间的交往和配合默契。

★运动项目二：亲子游戏——顶（夹）包走

游戏规则：家长和孩子手牵手，孩子头顶沙包不能掉落；而家长则要将沙包放在一个脚面上不能掉落，二人一起前行，必须绕过障碍物返回。哪一队先完成即获胜。

游戏价值：锻炼身体的平衡协调能力。

★运动项目三：孩子游戏——蛙跳（每人一副"手掌"，家长预先用纸板和松紧带做成。玩时套在手上）

游戏规则：三队孩子同时往前学蛙跳，绕过障碍物返回，哪一队先跳完即获胜。

游戏价值：发展孩子四肢力量。

★运动项目四：亲子游戏——拉大车

游戏规则：家长在后，孩子在前，分别为大车和拉车人。家长蹲着不能站起，孩子拉着家长往前走，绕过障碍物返回。先到目的地就获胜。

游戏价值：锻炼孩子负重走；促进家长和孩子之间的交往，增进亲子关系。

中场幼儿休息，家长的比赛活动（孩子边休息（如喝水等）边观看比赛和给家长加油）。

★运动项目五：家长游戏——踢毽子

游戏规则：家长踢出各种踢法，单脚，双脚，变花。踢的次数多而毽子不落地者为赢。

游戏价值：锻炼平衡能力，体会儿时的乐趣。

★运动项目六：家长游戏——我是最棒的

游戏规则：1. 家长站成一个圆圈；2. 主持人或者请一位家长喊口号："我"（一边说一边弯下腰拍掌），然后再用双手拍各自左边站着的家长的背。拍打的次数都是与所说的口号的字数一致。3. 口号的字数逐个增加，第一次是"我"；第二次就是"我是"；第三次就是"我是最"……喊口号的速度可以越来越快，增加难度。还可以改变口号的内容。

★运动项目七：家长、老师游戏——掷沙包（或跳大绳）

游戏规则：人员分为两拨，场地中间站一拨人，另一拨站在场地两端掷沙包，目的是击中场地中的对手，场内人接住沙包得一分，被击中则扣一分，没有分了就罚下场，分多可以救活被罚的人。

游戏价值：运动身体增强躲闪、避让、弹跳能力，体会共同游戏的快乐。

下半场运动项目

★运动项目八：亲子钓鱼

游戏规则：准备好若干副"鱼"和"钓竿"，每队两只稍大的纸盒，分别作为"鱼塘"和盛放鱼的"桶"。预先用纸板剪出鱼形并涂色装饰，在小鱼头部别一只曲别针。收集一次性筷子清洗干净，在一端系上一根线，再系上曲别针并弯成钩状即为钓竿。每队以亲子为单位亲子各队一支鱼竿依次钓鱼。主持人计时间如每次1分钟并喊口令，各队的一组亲子"开始"钓鱼，当喊"停止"时，计数这几对亲子分别钓了多少条鱼。在单位时间内钓的多的一对亲子为赢。

★运动项目九：幼儿游戏——夹球走

游戏规则：预先准备几只球（也可以用气球或纸球）。玩时，每队的两名幼儿（个头，年龄差不多）面对面，用肚子夹住气球或稍大的纸球，侧身前行。行进中二人要很好地协调配合，要保证球不能落地。注意不能用手碰球。依次进行，先完成的队为赢。

游戏价值：发展幼儿的肢体协调能力，以及与别人动作协调、配合合作的能力。

11：20　运动会比赛项目结束，主持人引导大家进行活动总结。

11：30　整理队伍，老师、家长及孩子一起返回。往返路途中要大手拉小手，跟紧队伍。注意出行安全。

欢迎家长和小朋友一起参加亲子运动会，希望家长加入到教育孩子的队伍中来，和孩子一起分享成长的快乐。祝所有的小朋友们玩的开心！祝小朋友们节日愉快！

［示例2］　四环游戏小组迎新年亲子游园会活动方案

四环游戏小组宣传页　　　　　　志愿者老师

四环游戏小组"迎新年"亲子游园会

为迎接新年，四环游戏小组以"和爸爸妈妈一起迎新年"为主题，在游戏小组举行"迎新年亲子游园会"。目的是让家长和孩子一起参加活动，在游戏中亲子共同体验快乐，并增强家长和孩子的情感。

游园会活动安排的温馨提示

8：30　老师到场，做准备工作，广播。

9：00　孩子和家长到场，和老师一起布置环境。

9：00～9：30　热身活动：跑步、做早操。

　9：30　迎新年游园会正式开始。

庆祝新年的活动分为三个部分，游艺项目包括集体进行的与个别选择的；室内安静的游艺及户外活动性的。请您事先仔细阅读，了解游园会的程序安排、活动项目玩法及规则，积极参加。

希望游园会能够顺利进行，大家都玩得开心。

第一部分：集体活动

孩子联唱：《新年好》《娃哈哈》《数鸭子》

家长合唱：《蜗牛与黄鹂鸟》

第二部分：亲子游艺会

户外项目

★跳绳

玩法：计数一分钟跳几个，幼儿单独跳、亲子一起跳或家长跳。

★跳格子

玩法：地上画有格子间或是圆圈。两个圈表示两脚跳、一个圈表示单脚跳，跳到终点为止。

★投球夺冠

玩法：把球抛向地面上画好的指定的方框内，按照投球的远近进行计分，家长和孩子各投两次，得六分过关。

★猜灯谜

玩法：幼儿和家长选中自己喜欢的灯笼，家长摘下灯笼下的黄纸条，上面有谜语、儿歌、歌曲等，遇到谜语，请家长念出谜面，请孩子猜；遇到儿歌，家长可以提示孩子开头几句，让孩子接下去，或者请家长与孩子一起念儿歌、唱歌。

室内项目

★盲人敲锣

玩法：家长拿着鼓槌，幼儿牵着家长的手走到锣前，敲锣之后回转走回起点，才算成功过关。

★捏泥

玩法：桌上有几个漂亮的泥工，请幼儿模仿捏制或者自己创造。

★神秘的袋子

玩法：将一些水果、蔬菜之类的东西装进一个袋子里，请孩子闭眼摸一个东西并说出名称。

★说悄悄话

玩法：孩子和家长围桌子而坐。老师悄悄地说一句话给旁边的家长或孩子，依次传递下去，看看最后一个人说出来的话是否和第一个人相同可以使用预先做好的纸话筒或喇叭。

第三部分：颁发奖品

10：40　游园会项目结束，发奖品。

游园会结束后，全体集中，大家手拉圈做游戏，比如丢手绢。请所有家长和孩子参与。

游戏之后发奖品，奖品的类型有毛绒玩具、手工材料等，老师念到兑奖券号码的孩子上台领奖。每个孩子都有奖品玩具，可以过新年时在家里玩。游园会在欢乐的气氛中结束。

希望大家积极参与，玩得开心！

一般来说，开展这种集体亲子活动，既可以在活动中拉近亲子关系，同时又能通过活动增强家长之间的凝聚力，推动组织的发展；还能扩大组织的对外影响。以下是集体亲子活动开展注意事项。

1. 前期准备工作

通过广播、宣传页、家访等方式动员和宣传家长。

如果外出要联系车、教师提前要看好场地，并注意厕所位置。

教师设计好行程、安排好时间、游戏（见资料包）。

主持人制作活动宣传页；可以请家长做主持人。

2. 活动过程中需要注意的问题

- 注意孩子的安全。
- 引导孩子注意外出行为习惯，带垃圾袋装垃圾，保持文明卫生，渗透行为习惯教育。
- 拉动家长参与，增进家长之间交流。

3. 集体亲子活动的类型

- 春游秋游
- 亲子运动会
- 亲子故事大赛
- 新年游园会
- 民俗展
- 玩具展、折纸大赛等

五、如何组织半日活动

上面说完了几种重要的活动形式，那么，应该如何把这些活动排兵布阵，有机安排到一天的活动中去呢？我们来一起看看四环游戏小组的半日活动安排：

> **［示例］　四环游戏小组半日活动计划**
>
> 2010 年 1 月 11 日　周一
>
> 8：40　志愿者老师到达游戏小组，梳理半日活动流程，做好沟通；组织孩子做卫生。
>
> 9：00～9：30
>
> 1. 晨检在门口和孩子轻声问好、拥抱；"一摸（体温）、二看（体征）、三翻兜（口袋是否有零食、零钱和玩具）"；检查孩子是否带了水和手绢。
>
> 2. 与家长沟通：与值班家长沟通需要配合的事项。
>
> 3. 蒙氏活动。
>
> 阅读组（杨老师）绘画组（值班家长）。
>
> 拼插搭建组 自制玩具（马老师）。
>
> 9：30～9：45
>
> 收玩具（强调收放的规则）。
>
> 过渡。
>
> 简要总结蒙氏。
>
> 小小播报员。
>
> 点名（值班家长）、点数孩子人数。
>
> 选小组长（明确小组长职责，发挥作用）。
>
> 9：45～10：15　早操和户外活动。
>
> 10：15～10：20　过渡环节。
>
> 10：20～10：40　主题活动：剪雪花。
>
> 10：40～10：55　户外自由游戏。
>
> 玩雪、堆雪人（根据天气因时制宜）。

10：55～11：00　过渡：喝水、音乐律动。

简要总结主题活动孩子的作品。

集体阅读：故事。

复习《弟子规》。

11：00～11：10　总结、选四环宝宝、发宣传页、值日生打扫。

⇧

一日之计在于晨，孩子从家里来到活动地点，需要一个心理上的调适过程，因此安排了晨检和一些安静的操作活动，如画画、阅读、操作玩具等。需要注意的是，晨检有利于教师和孩子的情感沟通以及掌握孩子的状况，是非常重要的环节。

⇧

晨间安静活动之后，孩子来的也差不多了。通过总结，让孩子们注意力集中，一起关注一下来了多少孩子，今天是几号，天气怎么样，过渡到接下来的户外活动。

⇧

户外活动与室内安静活动的时间比重一般是 1∶1 左右，但考虑到孩子年龄和体力问题，一般需要动静结合，20～30 分钟的户外活动之后需要休息一下。

⇧

最后的活动总结对孩子和老师都非常重要，让孩子回顾今天的活动，进行自我评价，了解自己今天学到了哪些本领等。

以下是半日活动中各项活动的组织安排

1. 晨检及活动过程中对孩子的保育

晨检换个说法就是一日之初老师和孩子见面时候的简短交流时间，老师见到孩子，将要开始活动之前，跟孩子打招呼，摸摸孩子的小手，安抚孩子的情绪，观察孩子的精神状态（看看是不是孩子有不舒服的情况，或者精神太亢奋了等）。可不要小瞧了这一个简单的细节，这首先是老师对个别孩子情况的把握，这个时候往往因为家长也在旁边，可以借此机会与家长沟通孩子在家的情况。其次，这种跟孩子的个别对话，可以有针对性的对孩子提出一些要求，或者让孩子了解今天的活动，与孩子之间更容易建立亲近感。另外，还需要检查孩子是不是带了一些不能带的东西（比如小钉子、纽扣、食物、钱、药品等），避免孩子在活动中老师不注意的时候发生误食或者误伤的情况。孩子来园环节的师幼互动，有可能让孩子感觉到老师的关注，以良好的情绪状态开始一天的活动。

我们把晨检环节提炼为以下几个字，希望对大家有帮助："一看，二摸，三问，四掏兜。"

还需要注意的是，作为学前教育，对孩子的保育也就是身体的养护也非常的重要。除了晨检的时候看看孩子的状态之外，整个活动过程中也应该经常性的提醒孩子喝水、上厕所，户外活动比较激烈的时候应该摸摸孩子身上是不是出汗了，控制活动量，适时地提醒孩子增减衣物。

2. 集中活动和自由活动交替进行

对于半天三个多小时的活动来说，集中和自由的组织形式要交替进行。大约要安排两个小时的集中活动，集中的活动包括集中的室内操作和集体户外游戏。集中活动为孩子提供了集体的生活空间，在其中认识同伴和老师，发展社会性，学会合作，解决问题，对于孩子的发展是必需、必要的。自由活动时间可以请孩子自由选择玩具或游戏，并与伙伴自由交往。

(1) 动静结合

无论是室内还是室外，活动时都要考虑到孩子身体能量和注意力持续不了太久的特点，要动静结合。一般情况下，约20分钟就要变换一下活动的内容和形式，运动太久或者安静活动太久，孩子都会躁动，且不利于孩子的身心健康。

(2) 户内外交替

在有场地的情况下，户内外活动也要交替进行。对于半天约 3 小时的活动时间来说，户内和户外应该有两次交替。即户内—户外—再户内—再户外。这样的活动形式安排的比较符合发展特点，能最大程度的保持孩子的注意力。第一次户外时间长些，可组织做操和集体游戏；第二次户外时间可以稍短些，允许孩子自由游戏。

此外，非正规教育的规模不宜太大，人数控制在一二十人以内是比较适宜的。这点也需要大家注意。

[示例]　一次半日活动

8：15 左右，我们几个志愿者准时来到游戏小组，先把今天的活动计划做了沟通，大家各自应该做什么也都有了明确分工，顺了一下大致的活动，就开始分头行动，广播、准备活动材料、迎接孩子。

最近孩子都很积极，常常有孩子早早地就等在门口了，看见老师来了很高兴，进了教室就帮忙搬桌子，搬板凳，擦桌子。每个孩子来的第一件事情就是跟老师打招呼，这个学期刚进来的几个新孩子比如小黄毅，跟老师打招呼的时候，总是把它当成游戏，躲在妈妈后面，跟老师捉迷藏。后来抱住他玩了一会儿，他才特别高兴地说："老师好！"比刚开始来游戏小组时有了很大进步。跟每个孩子打招呼的时候，摸摸他们的小手，问问吃早饭了没有，准备做些什么，在问答中观察了孩子的精神状态，也和孩子一起计划了在蒙氏活动时想要做的事情。

孩子是陆续来的，先到的孩子就可以开始蒙氏活动。今天的蒙氏活动有泥工、阅读、绘画、剪小蛇和自制玩具，每个志愿者负责一桌。泥工这几天很受欢迎，刘老师今天继续引导孩子们捏水果，孩子们做的都很出色，比如徐若彤捏的葡萄，张鑫捏的梨子，彭帅雄捏的茄子，等等。今天新孩子万梦蝶和何静怡也在泥工组玩了会儿，依她们的表现看，还是很喜欢这个活动的。阅读活动做得很好，兰老师给阅读组的几个孩子讲了不少故事，也让几个孩子自己来讲故事，比如吴婷婷讲了龟兔赛跑，彭帅雄和郭潇雨也都有复述故事。张丹、陈罗玉、王静、吴婷婷都来画画和剪小蛇了，另外肖莉的爸爸带着肖莉在绘画区待了一会儿，让她拿笔画了画。而王静，虽然个子高，不过才刚三岁，还是不会剪纸，因为陈罗玉和王静家摊位很近，王老师就让陈罗玉回家教教王静怎么用剪子剪小蛇。

9：20分左右，孩子们基本到齐，操作也进行的差不多了，"一二三，三二一，我们一起收玩具……"孩子们都自动自发的边收起了玩具，边跟老师一起念儿歌。等差不多两遍的时候，大家也基本坐定了。老师把张鑫、徐若彤和彭帅雄几个孩子捏出来的水果展示给孩子们，他们眼睛睁得大大的，有的还说："我也会，我也会。"然后展示了几个孩子剪的小蛇。表扬了讲故事以及专心喂娃娃吃豆子的几个孩子。总结活动基本结束。

"今天的小小播报员"我话音还没落，孩子们都举起了小手，想上前一试。任务交给了彭帅雄，"今天是2009年10月27日，星期二，天气晴"。他虽然在老师的提示下才说完播报内容，不过也算是给下面的弟弟妹妹做了榜样，声音洪亮，一点儿也不怯场。

重头戏开始了，肖莉妈佟老师刚拿起笔往点名册跟前一站，孩子们就挺起了小胸脯，眼睛盯着佟老师。孩子们很喜欢点名环节，作为新家长的佟老师在点名的过程中也认识了游戏小组不少的孩子。几个新孩子今天表现得也非常不错，举手答到，被佟老师表扬了。

"点过名儿，该出去做操了吧。"我说道。"不对！"孩子们自己都提醒我："马老师，还没选小组长呢！"我趁势问他们："小组长选出来是要干什么的呢？"孙昊说："站队的时候要站在最后面。"郭小雨说："要照顾小弟弟小妹妹。"说了不少的理由，看来孩子们也逐渐知道了小组长所代表的责任。选好小组长，一组一组地出门。

　　跑步热身之后，跟孩子们一起玩起了"包子剪子锤锤锤"。玩了几轮，怕孩子们还是没有活动开，就玩了一个"大巨人，小矮人"。看着孩子们活动得差不多了，让兰老师带着孩子们做了"小班站立姿态操"和"快乐的一天"，然后我又带着一起做了"十二生肖操"。做完操，孩子们排好队，一个跟着一个，跑了一圈之后模仿小动物走，先是小鸟飞啊飞，然后是大老虎、大象、青蛙。几轮下来，时间差不多了，边和孩子们做手指游戏；边让孩子分批进屋喝水，准备开始今天的主题活动。

　　第一次带班，事先也跟其他老志愿者商量了一下今天的主题活动，获得的建议是结合现在秋天这个季节，市场上有大量的水果蔬菜，孩子们平时也都会看到吃到，加上前两天刚刚带着孩子们逛摊位了解了不少关于各种各样水果的知识。今天就利用废旧材料——报纸，和孩子们一起撕纸和团水果。刚好昨天是重阳节，不妨带着孩子们一起用自己做的水果做成一个果篮，当做送给爷爷奶奶的礼物。

　　活动结束后，看着一堆报纸碎屑，我正有点儿发愁的时候，王老师说，把它们团一个球，用胶布贴好，咱们游戏小组就又多了一个球了。

　　做好水果的孩子们就可以自己找户外玩具到院子里玩了。像往常一样，最受欢迎的还是爸爸妈妈们跟老师一起做的玩具。高跷、梅花桩，也有孩子把轮胎和梅花桩结合，做成了一条曲折的道路，开始艰难的"行军"。这几天在观察几个大孩子跳绳的情况，除了张鑫能连续跳 20 个左右之外，彭帅雄、徐若彤、孙昊等几个都不会跳，也表现出一种不愿意跳的感觉，所以我就带着他们跳，几个孩子被吸引过来，抢着跟老师一起跳绳。

　　户外自选游戏结束后，孩子们进屋喝水，兰老师讲了个故事《满头鲜花的熊》，孩子们听得津津有味。最近不管是在蒙氏的阅读组还是集体故事时间，孩子们对故事的兴趣都非常高。我们在跟家长沟通时也一直在跟家长们强调希望他们每天能够抽出十分钟给孩子讲故事。由此看来，还是有些成效的。

　　故事听完了，大家一起复习昨天学习的《弟子规》：事虽小，勿擅为，苟擅为，子道亏，物虽小，勿私藏，苟私藏，亲心伤。念着《弟子规》，配合着手语动作，这是孩子们非常喜欢的一个环节。跟家长聊天的时候，家长也经常会很自豪地说："我们家孩子最近自己就说起《弟子规》，我自己都还不会呢!"对自己孩子的自豪感溢于言表。

　　总结环节，评选了今天的"四环宝宝"。像往常一样，"四环宝宝"的评选是对他们一上午表现的一个总结，表现好的要表扬，表现得有些不好的地方，下次注意。然后点到名字的孩子收板凳，拿宣传页跟老师告别，半日活动结束。

　　这个示例描述是希望提供给读者一个直观的印象，看看在两个多小时的时间里，孩子们都做了些什么，教师是如何将不同的活动安排进去，如何穿插衔接的。那么您对我们的活动是否有了一些简单的认识呢？如果给您准备好几个活动，您将如何排兵布阵，把它们应用到半日活动中呢？我们一起来试一试吧！

小任务

给出以下几个活动，请您来试着做出一个半日活动流程来：

儿歌：《我是一个大苹果》

手指游戏：小手拍拍

故事：《鸭妈妈找蛋》

游戏：地雷爆炸（这是一个户外游戏）

幼儿操：《快乐的一天》

折纸：小鸭子

请您试一试吧：

时间	活动

六、如何设计组织集体教育活动

1. 如何发现教育资源

非正规教育活动的来源很多，只要你细心观察，周围所有的材料都可以加以吸收利用成为教育活动的资源，我们先一起来看几个例子吧！

[范例1] 杨树下的"毛毛虫"

杨树下的"毛毛虫"

活动缘起：四环游戏小组的小院内有一棵很大的杨树，孩子们每天在树下游戏，大树成了游戏小组的一员。最近孩子们发现杨树上经常会掉下来一些"毛毛虫"样的东西，有的孩子捡起来玩，有的孩子对这个东西还有点儿害怕。基于孩子们的兴趣，我们设计此次活动，和孩子一起探究这个杨树下的"毛毛虫"。

这个活动设计来源于孩子生活中感兴趣的事物，孩子们对于春天杨树下掉落的"毛毛虫"产生兴趣，自由玩耍起来，教师发现了孩子的兴趣点，便设计了此次活动。

——非正规课程来源于生活，材料易得，生活中的废旧材料、有趣现象等都可以成为课程设计的来源。

注意：观察一下孩子平时生活中都玩儿什么，看什么、说什么，把这些都有意识的记下来，都可以成为活动的来源哦！

[范例2]　　三月三 放风筝

活动缘起：

我国民间素有农历三月三放风筝的习俗，不仅体现了人们对春天的喜悦和情趣，而且还能强身健体。四环游戏小组有的家长是制作风筝的能手，他们用一张纸三下两下就能做出一个简易的风筝，孩子们看见后很喜欢。由此，结合家长自身的资源，我们设计了此次活动，让家长带领孩子利用简易的材料制作风筝和放飞风筝，既激发了他们的教育信心，也让孩子在春的活动中获得愉快的情感体验。

这个活动的来源是家长身上的乡土民俗，这也是非正规教育乡土特色的体现。风筝是家长小时候都玩过做过的东西，有很多家长是做风筝的能手，那么，发挥他们的力量既可以充分地调动家长参与，又激发了他们的自信心，何乐而不为呢？

想一想：你所在的地区有哪些乡土特色的资源？（如乡土游戏、民谣儿歌、乡土玩具、民俗，你所在地区孩子的家长都来自哪些地方？他们家乡都有哪些民俗？（民歌、剪纸、戏曲等）家长们各自潜藏有哪些本领？快来统计一下吧，这些都可以成为课程设计的来源！

[范例3]　　十月一日国庆节

活动缘起：

在四环游戏小组，每个月都会举办一次集体生日会，大家一起给当月过生日的孩子庆祝。孩子们对于自己的生日都很了解，但是祖国妈妈也有生日，孩子们了解吗？结合孩子们自身的生活经验，我们开展了"十月一日国庆节"主题活动，让孩子知道自己是中国人，懂得祖国妈妈也有生日，培养热爱祖国的情感，同时渗透节日、月份、时间等概念。

这个活动来源于节日习俗，每年的传统节日、固定节日都是孩子们生活中的重要教育资源，可以借此引导孩子了解周围的生活，了解社会，以及与人相处的关系，同时还可以渗透时间的教育。

想一想，还有哪些可以成为你的教育活动的内容？把你现在想到的东西写出来吧。

可见，非正规教育活动产生的方式是多样的：可以是来源于现成的材料；可以是来源于孩子的兴趣；也可以是来源于优秀文化的遗产。

- 自然界春夏秋冬的季节变化及不同特点。
- 季节与人类的关系（衣物、保健等）。
- 孩子感兴趣的事物（如泥土里的小虫子、天空的飞机、滚动的轮胎等）。
- 孩子的行为习惯（如最近有孩子长虫牙了）。
- 孩子活动中发生的事件（如发生争执了、乱放玩具等）。
- 其他偶发的事件（如停电、下雪）。
- 关于时间（游戏小组的一天、年月日、星期、整点半点）。
- 孩子或家长身上的乡土民俗资源（窗花、风筝、柳笛等）。
- 传统节日（春节、端午节、中秋节、劳动节、儿童节……）。

非正规教育的理念强调乡土认同和传统文化，因此我们在设计教育活动的时候要注意来源于对象人群生活中的东西，类似圣诞树等外来的文化和内容，离他们生活比较远，不能激发家长教育自信的东西就尽量少出现。

2. 活动准备

活动准备一般是两部分：经验准备和材料准备。经验准备是说关于你将要开展的这个活动，孩子是否具有了相关的生活经验？比如春天的时候，孩子看到了柳树发了芽，嫩绿嫩绿的，那么这时候孩子就有了关于柳树发芽的生活经验，教师就可以在经验准备的基础上带领孩子们编柳树姑娘的"辫子"。那么这时就需要相关的材料准备了，比如皱纹纸、胶水、白纸等。活动前，这两方面的准备都要做好。

同时教师也应该提前考察活动的场地是否适合，保证场地的安全。（例如冬天户外活动前，如果不是以"雪"为活动内容，一般要把积雪清除，以免滑倒）

在下文中，我们将会出示一些集体活动的范例，大家可以结合上述原则来看，并从中领会非正规教育的特点，也可以试着自己来设计一两个活动，"好记性不如烂笔头"，自己试试效果会更好。

3. 集体活动设计范例

杨树下的"毛毛虫"

（1）目标

①知道"毛毛虫"是杨树的花。

②能发挥想象，用"毛毛虫"拼摆成一定的数字或形象，并体会自由创造的乐趣。

③乐于观察周围事物的习惯，探索和认识多种多样的自然现象。

（2）活动准备

"毛毛虫"若干。也可以发动孩子和家长拣拾后带来，老师做好的造型范例几个。

活动前孩子已对"毛毛虫"产生了兴趣，有经验准备。

（3）步骤

户外活动时请孩子观察、拣拾地上的"毛毛虫"。

请孩子边摆弄边自由讨论："毛毛虫"是什么东西？从哪儿落下来的？

小结："毛毛虫"是杨树的花，春天的时候开花，花开败就落下来，杨树是先开花再长叶子的。

激发孩子的好奇心，请他们继续观察，看看眼下杨树上有没有树叶，是什么颜色，什么时候长出叶子的。

① 教师示范用"毛毛虫"拼简单的数字、形状等，大家来辨认；引导孩子思考自己想摆什么，提示大孩子试着拼摆变换和老师不一样的图形。

② 分组游戏：请孩子发挥想象力，自由拼摆。每组发放一篮子"毛毛虫"。启发小孩摆一些简单的图形、数字；鼓励大孩子摆和老师不一样的、独特的、复杂的图形。孩子可以在桌子上随意摆，教师注意观察并进行个别引导。大家可以互相显示自己摆的图形。每人摆出 2～5 种图形。感受自由创造的乐趣。

> **提示：** 教育要时刻注意混龄组织的特点，活动时可以大小分组，也可以结对子，大小互助。此次活动由于操作时难度任务不同，因此采取分组的形式，划分了大小孩子各自的任务难度，教师对不同组提的要求也有所区分。
>
> 想一想：什么时候需要分组？什么时候可以混龄？考虑一下各自适合的条件吧！灵活分组。

③ 展示成果：每组小朋友摆好了之后和周围伙伴互相介绍自己摆出了什么。弟弟妹妹可以说说是谁帮助自己拼摆的。

> **提示：** 每次活动之后的展示环节也很重要，如果操作完成时间不一致，可以在放学前统一进行总结；此处是在本活动后总结展示，主要作用是让孩子看到大家的作品，激发成就感，并为小孩子提供模仿学习的机会。

（4）讨论

请几个小朋友向大家展示自己的作品，并讲讲自己是怎么拼出来的。建议孩子在户外自由活动时或回家后还接着玩这个游戏。

（5）延伸活动

爸爸/妈妈老师可以做什么？

①户外活动时带领孩子捡拾"毛毛虫"。

②参与孩子活动，拼摆出不同的图形，听听孩子对作品的介绍。

（6）注意事项

①在孩子自主创造游戏的时候，教师要有针对性地指导，如多引导年龄小的孩子，可以让他们照着范例进行拼摆，而对年龄较大的孩子，则鼓励他们创造比较复杂的形象。

②活动不限于室内开展。

③用"毛毛虫"开展数学活动，例如，数数，摆出数字 1～10，简单的加减，以及拼摆成三角形、正方形、圆形或其他图案等，大孩子可以进行图形的组合。

（7）延伸活动

①户外延伸：户外活动的时候让孩子三三两两地边捡边拾，直接在地上用"毛毛虫"拼摆图形，引导孩子继续开发想象力，看看毛毛虫还能拼摆成什么。

②向家庭的延伸：家长继续引导孩子在家里开展创意拼摆的活动，可以亲子比赛，看谁拼的花样多。

三月三　放风筝

（1）目标

①大孩子能够动手制作简易的风筝，小孩子在成人或哥哥姐姐的帮助下完成简单的风筝。

②体验与同伴共同放风筝游戏的快乐。

③孩子通过游戏感受春天的乐趣，同时通过带动家长参与，激发家长的教育自信。

（2）活动准备

多数孩子见过或玩过风筝。

塑料袋、已经做好的纸风筝，每个孩子一张长方形（A4左右大小）纸，玻璃绳，胶水，剪刀。

（3）步骤

①户外活动时通过游戏感知春风

小孩子每人持一个塑料袋（可以用绳系在袋上，提醒孩子塑料袋不能套在头上，以免发生危险），张开手臂迎风跑，塑料袋兜着风如同风筝。

大孩子每人一个简单的纸蜻蜓（用一张长条纸，两端对折，沿折出的痕迹撕到中间处，把两个小翅分别折向相反的两边，即成小蜻蜓。如果下半部分重力不够，可以在此处别一只曲别针），从高处抛下，观察纸蜻蜓会怎样？

体验了"放飞风筝"的乐趣之后，请孩子说说：为什么塑料袋能张开？为什么纸蜻蜓会在空中飘落？春天有风的时候小朋友还能玩儿什么？

> **提示：** 经验的铺垫很重要。学前儿童学习的特点是直观性、形象性，只有让他们直观感受到、经验到的内容才可以说出来。因此，此活动刚开始时让孩子在户外用塑料袋感受风，给孩子直观的印象，在活动中有了直观的体验，后面活动时才有兴趣制作和玩耍。

②做风筝

请家长老师展示自己做的风筝，并示范两种不同难度的风筝做法：

小孩子做风筝：在一个塑料袋的两个把手上系上一根绳，绳的长度适当，一端拉在手上。迎着风跑的时候塑料袋张开，就可以看见"风筝"高飞了。

大孩子做风筝：将一张长方形纸，长边对长边对折，中间出现一条"小河"（折痕）——两个长边再向中间的"小河"对折——在纸张的中央底部贴上几张长纸条作尾巴——在"翅膀"（可活动的纸张）的两侧各破一个小洞，用玻璃绳串起来并打结，留一段长度牵在手中，风筝就做好了！

此处教师可以请家长参与进来，发挥家长的资源，教做不同类型的风筝，教师协助指导。

③放风筝

幼儿将做好的风筝带到户外玩耍，看看谁的风筝飞得高、飞得好。大孩子可以帮弟弟妹妹放，一起体验风筝高飞的乐趣。

爸爸/妈妈老师可以做什么？

（4）注意事项

①本活动的实施需要孩子对于胶水的使用以及打结的方法有一定的掌握。初次使用胶水，教师需要动手示范正确方法：先用食指轻轻地蘸一点儿胶水，在盒子边上轻轻刮一下（避免孩子一下蘸太多），然后再轻轻涂抹在纸的背面（需提醒正反两面涂在其中的哪一面）。

②活动中教师要注意活动安全，提醒孩子不能把塑料袋罩在脑袋上，户外放风筝之前教师要求孩子跑动时注意看别人，不冲撞。

③放风筝是一种民俗活动，家长中有做风筝的能手，让他们来担当家长老师指导孩子做风筝，活动前需要和他们沟通好，风筝制作要适合幼儿的特点。

（5）延伸活动

①与孩子一起制作纸风车，孩子在户外进行风车比赛。讨论和试验：风车怎样才能转起来，转得好。

②向家庭的延伸：家长在家里教孩子做其他种类的风筝，例如用纸扎的蝴蝶风筝等。建议家长抽时间带孩子到后海边上空旷的场地放风筝。感受亲子游戏一起放风筝的乐趣：

协助老师示范和指导两种不同的风筝的做法。

户外游戏时引导孩子注意安全，不把塑料袋往头上套。

和孩子一起放飞风筝，共同体验风筝放飞的乐趣。

附儿歌：纸风筝

纸风筝，天空飘，脑袋摇，尾巴翘：

"白云没我跑得快，燕子没我飞得高。"

风儿听了手一松，风筝落下挂树梢。

[范例]　自己动手做玩具

发掘生活中废旧材料进行玩具自制一直以来都是非正规教育的特色。奥运的运动项目标识蕴涵了我国传统的象形文字文化，形象生动，而其中又包含了各种教育资源。因此，结合家长玩具自制活动和孩子的兴趣经验，让家长带领孩子把奥运项目的标志做成像扑克牌一样的玩具，通过自己动手制作玩具，感受奥运会的热闹景象，增强家长的教育意识，同时也增添了一批玩教具，丰富了非正规教育的内容。

> **提示：**此教案给大家提供了一个废旧材料制作玩教具的范例，各位老师可以以此为参照，平时的时间也找家长来做玩具，发掘生活中更多可以利用的材料，和孩子、家长一起动手来做玩具，让孩子们的活动更多样，更有色彩！

（1）活动准备

教师提前在白纸上画或印好奥运项目标志，提供给家长（一式多份）；硬纸板、蜡笔、剪刀、胶水；《北京欢迎你》的歌曲磁带。调动 3～5 个家长参与。

家长和孩子们有关于奥运会的相关经验。

（2）步骤

①播放《北京欢迎你》的歌曲，营造气氛。

②教师提示孩子回顾关于奥运会的经验：2008 年 8 月 8 日是什么日子？是第几届奥运会？奥运会的吉祥物是什么？

③教师出示奥运项目标识图，请孩子和家长一起观察，请孩子猜猜这些项目的名称是什么？

④家长老师指导孩子进行分组观察。

每组发一张完整的大标识图，请家长老师带领孩子观察图上画的是什么运动项目，引导孩子发挥想象猜猜项目名称。家长注意提醒孩子联系象形的特点进行观察。

⑤亲子制作标识牌。

家长老师示范：给标识涂色—把标识剪下—在硬纸板上抹胶水—把标识粘贴在纸板上—完成。

每组两个家长老师，带领孩子一起做。小孩子涂色，大孩子进行涂、剪、贴。

最后把做好的标识牌摆在一起，孩子可以用自己做好的玩具进行接龙、配对的游戏。

分组带领孩子观察项目标识图，启发孩子发挥想象认识运动项目。

给孩子示范如何做标识牌，重点强调几个关键步骤，注意剪刀和胶水的用法。

带领孩子一起制作标识牌，最后用自己制作的玩具进行游戏。

（3）延伸活动

①用标识牌进行配对、接龙等游戏，可以在蒙氏环节和自由活动环节进行。

②自制玩具：福娃拼图。

做法：在一张白纸上画出或打印福娃图，用废旧的冰棍棒摆成一排，贴在纸张背后，在纸张正面按照冰棍棒的纹路裁开，制成拼图。

③向家庭的延伸：

每家自制玩具：包括自制标识图、福娃拼图等。

玩扑克牌：

利用扑克牌作为教育资源，家长带领孩子在家中或摊位上进行活动，例如，认识数字、数字配对、数字接龙、比大小等。还可开展"小猫钓鱼"等游戏将数学教育融入到生活中。

奥运标识图　　　　　　　　福娃拼图

奥运项目标识图　　　马术　　象形字——马

（4）注意事项

①此活动需要孩子有相关的经验，活动前可以提醒孩子观察电视上、街道上的奥运项目标识。

②活动前可以提供给家长一些材料，让家长自己在家里做好几幅，带来让孩子观察。

③活动后还可以提供给家长材料，回家后每家做一套标识牌，在家里开展亲子游戏。

了解了这么多种活动开展的方法，你一定想要亲自实践一下了。但是，在开展活动的过程中，除了上面的方法以外，你的精神状态、态度以及与家长和孩子交往的方式，都会影响活动的有效性。因此，我们准备了四环游戏小组的《教师须知》与你分享，你可以根据实际情况进行调整和修改。

七、四环游戏小组教师须知

1. 准备工作

①提前十分钟到游戏小组，不迟到、不早退，如有超过半小时请补班；有事需提前与配班教师和志愿者团队负责人请假，事后补班。

②教师的仪表和着装：仪表和着装得体大方，不浓妆艳抹，不披头散发，不穿高跟鞋、拖鞋，不穿低腰裤，不能留长指甲（以免弄伤孩子）。请说普通话。着装的配件搭配要适宜，不佩戴大的圆圈耳环、项链和大的手镯。

③在孩子们来到游戏小组之前，教师要调整好自己的状态，将一切个人烦恼、不良情绪置于四环游戏小组之外，内心平和。

④教师之间明确半日活动分工，及时清除室内外的安全隐患，打扫好室内外卫生，保持整洁，保证各个区域都有充足的活动材料。

2. 面对孩子时

①当欢迎孩子进入游戏小组开始一天的新生活时，让你的声音、你的肢体、你的眼神、你的双手……整个身心都表达出你真诚的爱意以及对他们的欢迎！

②在没有获得孩子的接纳之前（多指孩子刚刚进入小组，对这里的环境还没有适应），不要因自己的个人喜好而随意触摸他（如摸孩子的脸蛋或头部）；不要当着孩子的面谈论他的优缺点，也不要在

背后用羞辱性的语言谈论他，以免给他贴上不良的标签。

③牵孩子的手时，要握住孩子的手掌，而不是拽住孩子的手腕，或拉扯孩子的胳膊；和孩子说话时，尽量弯腰、蹲下来或者坐在板凳上，使孩子能够自如地看到我们的眼睛，避免让孩子仰着头和我们说话。

④不随意带食物或礼物给孩子，如果带了，要交给当天的主班教师，主班教师在适当场合发放给孩子。其实，鼓励孩子，可以是一个微笑，一个赞许的眼神，一个充满爱意的抚摸……而不一定是物质的奖励。

⑤对学前阶段的孩子良好的保育非常重要，因此，不要忘记提醒孩子上厕所（包括引导孩子提裤子等）。喝水、勤洗手剪指甲、穿着干净整洁等，引导孩子养成健康、卫生的生活习惯。更不要忽视这些环节的教育价值，因为带孩子上厕所、洗手不仅是培养孩子生活能力和文明习惯更是非常宝贵的与孩子个别交流机会，是了解孩子的重要时机。

⑥活动期间，教师举手投足大方文雅，说话声音悦耳，走路姿势从容镇定，不慌乱、仓促。站姿挺拔，坐姿端正，蹲姿优雅。不跷腿坐，不抱胸或手插兜站，不叉腰说话，不谈论与活动无关的事情，不使用手机。

⑦使用标准的普通话给孩子示范，不使用方言、俗语；把孩子当做平等的个体，不对孩子称呼"宝贝儿"，不用"儿语"，如"看花花！""把你们的手手伸出来"等；使用有助于幼儿倾听的声音说话，语速既不要太快，也不要太慢；处处为孩子做正面示范，活动期间不谈论与活动无关的事务，在孩子面前，教师彼此间的称呼应与孩子对教师的称呼一致。

⑧禁止使用羞辱、指责、命令、威胁孩子的语言，如"闭嘴！不许讲话！你不乖！教师不喜欢你了！"等，不在大庭广众之下让孩

子丢脸，尽可能客观、公正的处理孩子之间的事件。

⑨教师不要隔着整个教室大声喊一个孩子的名字，如果他在很专心地做某件事，通常听不到你的呼叫，这对他也不礼貌，还打扰了其他孩子。应走过去靠近他轻轻对他说出你想说的话。

⑩永远不要把孩子置于没有成人看管的情况下（孩子要在成人视线范围内）。活动时，随时都要使自己处于面对大部分孩子的位置，做到"眼里有孩子"，及时了解孩子的动向；集体离开或进入活动室或外出时，一个教师在前面带队；另一个断后，确保所有孩子在成人的视线范围内。

⑪当太多的孩子在同一个区域玩，或当孩子开始为谁来玩玩具而发生争吵时，可以引导一个或更多的孩子参加到另外的一项活动中去。提供意见或选择，而不是简单地命令或禁止，为孩子提供合理的选择，有助于孩子做出适宜的行为，并为孩子提供一个发展他们的独立性和做决策能力的机会。

⑫对孩子的要求言出必行，否则孩子会觉得无所谓，甚至"钻空子"。如当孩子有了不适宜的行为，教师在处理该行为期间或之后，不要紧跟着就对孩子表示亲密（比如马上拥抱孩子），否则孩子会感到困惑，这样也不利于帮助孩子形成良好的行为习惯和成为一个守信用的人。

⑬在对待孩子的不适宜行为时，首先，要倾听，弄清楚幼儿为什么这样做是很重要的。通常，当幼儿疲劳时、刺激过度、遇到挫折、生病、生气或感到厌倦时，就会出现不适宜的行为。其次，对于孩子的不适宜行为，避免冗长繁杂地"说教"或"讲道理"，有时可直接用动作引导幼儿的行为，比如：当幼儿不喝水时，教师一边说"喝水了"；一边带着孩子一起喝水（记住：要说得少，做得多）。

⑭当孩子之间出现争执时，教师应在场，并判断何时进行适当的干预，何时应观察等待，在保障幼儿安全的前提下有些冲突可让

幼儿学习自行解决。对幼儿的侵犯性行为要有所预见，把经常发生冲突的幼儿适当地分开活动。

⑮当已经有一位教师在处理个别孩子的问题时，如果他没有请你帮忙，其他教师避免再去过问，要相信那位教师的能力。更重要的是，你的"不干预"能够让这位教师更好地和孩子个别交流，更好地处理问题。

⑯教师应及时反思自己的行为，半日活动结束以后，教师简单开会小结，一起回顾半日活动流程与自己行为的适宜性。回去以后写下自己对孩子的观察和反思，与其他教师共同交流讨论。

3. 面对家长时

①家长是我们的教育合作伙伴，是四环游戏小组的主人，因此在四环游戏小组的活动中要特别注意发挥家长（尤其是值班家长）的作用，明确地告诉家长需要他/她做什么，要注意哪些问题，活动结束以后要对家长的值班情况进行客观真诚地回顾总结。

②与家长交流时，保持一种朋友间的平等的态度，不能用居高临下的态度或以"教师"身份自居，指教对方。

③和家长的交谈不局限于孩子，可以是最近的生活状况、各种趣事、家长的特长等。

④与家长交流孩子的情况时，教师首先应对孩子有比较客观、全面的了解，避免因个别偶发行为对孩子有偏见，引起家长不必要的恐慌。和家长交流孩子的不适宜的行为时，避免仅谈现象，尝试着和家长一起寻求解决问题的方法。

⑤下摊位时，尽可能不要影响家长做买卖，或者是拿家长的东西不给钱。

⑥如需家访，提前和家长说好，避免"突然袭击"；做家访前需做好充分准备，明确家访的目的。家访时，尽量营造宽松的氛围，主动和家长交谈。

第七部分　安全面对面

不论是在城中村、城乡结合部，还是在农村，我们非正规教育组织的服务对象都聚焦于流动儿童、农村儿童和他们的家长（也许还包括我们和我们自己的孩子）。那么，我们所处的安全现状是怎么样的呢？

先来看几则社会事件吧。

[案例 1]　幼儿园着火，一女童丧生（《京华时报》，2010 年 1 月 18 日）

2010 年 1 月 17 日下午，北京朝阳区东坝乡驹子房辛街村 100 号名为"阳光乐园"的幼儿园着火，9 名孩子逃生，一名女童被困丧生。

[案例 2]　浙江 5 名儿童回老家被溺蓄水池（新华网，2010 年 2 月 22 日）

2010 年 2 月 18 日下午，浙江天台县下路王村的蔡家 5 名孩子外出玩耍再也没有归来。4 天后，孩子的尸体在龙珠潭水库下游鱼塘蓄水池被发现。5 名孩子的家长都在甘肃平凉做橡胶生意，这次是带着孩子们回家过年，没想到年没过完，孩子先没了，父母悲痛不已。

[案例3]　两名外来打工子女殒命鱼塘内（《京华时报》，2010年 2 月 23 日）

2010 年 2 月 22 日下午 4 点多，朝阳区金盏乡黎各庄村附近的润丰集团生产加工基地内，两名儿童被发现殒命鱼塘内。两个孩子中小的 4 岁，大一点的 5 岁多，都是四川人，亲属是公司车间内的包工头，分别是姐妹俩的孩子。当天下午 3 点多，两个孩子在院内玩，到 4 点多孩子的父母就找不到他们了。

……

事故的发生，让当老师揪心不已，家长们更是常常在无奈中深深自责。从农村到城市，谋生已属不易，家长每日忙于生计，就算想给孩子多一些关注，也常常因为"太忙、顾不上"而作罢，只好任孩子在"放养"的状态中自生自长；在老家，孩子想要亲近自然、愿意到处跑动，却对环境缺乏必要的熟悉和防范；将孩子留在老家的家长，心中更是多了一份剪不断的牵挂：

[案例4]　稻草屋着火，留守儿童殒命（中新网，2010 年 3月 4 日）

2010 年 2 月 23 日，广西南宁市宾阳县甘棠镇田陈村发生一起火灾，导致 4 名儿童死亡。其中，最大的 7 岁，最小的才 4 岁。据报道，着火的稻草屋属于无人看管的房屋，平时堆砌有干柴、稻草等易燃物。火灾发生时，村民并未发觉有人在内，直到大火被扑灭后清理火场时，才发现了 4 具被烧焦的儿童尸体。4 名遇难儿童中，有两人为农村留守儿童，父母均常年在广东打工，春节也未回家。孩子由祖辈代为管教，而祖辈时常缺乏精力看管，以致发生事故时浑然不觉。

[案例5] 老家割不断的牵挂（人民网，2010年3月4日）

元宵节过后，江西抚州的甘某和妻子准备背起行囊，外出务工。让这对夫妻放心不下的是只有5岁的女儿小倩。半年多前，甘某在外打工，女儿小倩在家里玩耍时把装有滚烫热水的热水瓶打翻，臀部的皮肤被严重烫伤。"我一定要把女儿治好，否则我会内疚一辈子的。"甘某说，他正四处打听哪家医院做植皮手术好。甘某的父母年届古稀，体弱多病，劳碌了一辈子，老迈的精力已不足以照看年幼的孙女，更不能奢望他们能给孙女多好的家庭教育。但甘某能有别的选择吗？一方面家庭经济状况需要改善；另一方面孩子正需要在父母的呵护下成长。这是对矛盾，甘某想了很久，也找不到完善的解决方案。

想一想，你身边的家长们，是否也有类似的无奈或叹息？回想其中一个场景，把它记录下来，看看你能从中发现什么？你的感受是什么？

链接：

看完以下这组数据，相信你会更加清晰地看到我们孩子的安全现状：

2008年全国妇联发布的《全国农村留守儿童状况研究报告》称："被拐卖儿童中，流动儿童居第一位，留守儿童居第二位。"

2010年2月20日，全国妇联发布的调查报告显示，中国目前约有2000万名农村流动儿童随打工父母进城。

2010年2月24日，央视报道：2008年中国共有2万名青少年非正常死亡，其中流动儿童和农村留守儿童占据了绝大部分。

……

类似的社会案例还有很多，无一不在提醒着我们：孩子的安全需要我们关注！

正是因为这样孩子的安全问题严重，我们兴办非正规教育才更应该重视这一点。事实上，只要我们教师提高重视了，做好安全工作，非正规教育组织完全可以成为孩子们安全的港湾，让家长放心，让孩子平安。

一．孩子的安全问题尤为重要

1. 容易受伤的孩子

如你所知，孩子是柔弱的。他的骨骼那么柔韧，他的肌肉还没长成，他对周围一切事物充满了好奇和探究的欲望，却不知道哪些角落存在着危险。他因无知而无畏，一切行为都以"想要"和"好玩"为出发点。他不知道自己的行为会带来什么样的后果。所以，他会试图用手指去阻挡风扇叶片的转动；会把门帘绕在脖子上当成项链；会拿着长长的竹竿相互追赶，因为他觉得这会儿自己变成了"孙悟空"；还会从高高的台阶上跳下，以证实自己有多"厉害"。

无论是身体发育，还是生活经验水平，孩子都不足以应付这个世界。他们缺乏基本的防范能力，对自然环境估计不足，而且没有足够的能力对自己行为的后果进行预期。

正因此，孩子的成长需要你我（教师）的关注，需要家长（孩子的法定监护人）的关注！

2. 环境巨变，家长监护缺失——流动儿童

（1）从老家到城市，环境巨变

从老家到城市，不论是住房环境、邻里关系还是交通状况、地理条件都有很大差异，直接造成了家长和孩子的生存处境中存在很多安全隐患。

如果你正身处城中村，或是城乡交界处，请你想一想：我现在居住的环境，和在老家相比，有些什么样的变化？

下表列出了一些老家和城市不一样的地方，你可以参照对比自己所处的环境，有针对性地给家长一些提醒；或者和家长一起讨论，共同探讨出一些对策。

表1 老家和城市不一样

	在老家	在城市
住房	房子大，屋里宽敞，孩子同样幅度的跑动，在老家就不太容易磕到家具。	房子小，屋里窄，大人都经常转不开，孩子缺乏相应的安全知识，自然更容易磕碰伤。
地面	田里屋外泥土地多，孩子就算摔倒也不容易出问题。	到处都是水泥路，摊位上更是到处有硬硬的棱角，跟孩子个头一般高，孩子一扭头，很容易磕到脑袋；建筑工地上更不用说。
家中物品摆放	剪刀、菜刀、开水壶、炉子等危险物品都有专门搁置的地方，孩子不容易够到。	由于空间有限，家长习惯将这些带有危险工具或物品放在方便拿到的地方，使得孩子也容易够到，容易引发安全事故。
邻居	人员环境比较单纯。住一个村子的人基本都认识，乡里乡亲地，孩子跑到哪儿都有人帮着看，出点什么事也都能及时得到帮助，家长也能及时知道。	周围居民人员复杂，相互陌生；家门之外的环境生疏，流动到城市居住的松散性、封闭性及疏远性，使儿童的社会活动缺乏传统社会中的那种监督与帮助；常有拐卖儿童的新闻报道。

	在老家	在城市
交通环境	车流量相对较小，孩子较少受到来自汽车、摩托车	等交通工具的威胁。车多人多，放养状态下的孩子会在市场通道、胡同里横冲直闯，很容易被横穿过来的车辆撞伤。孩子不懂交通规则，如果自己跑到马路上玩，则更加危险。
地理环境	相对单纯。广阔的田地、开阔的庭院，保证了孩子自由、安全活动的空间。	随着城市化进程加剧，城市很多地方（尤其是家长们居住的城中村、城乡交界处）都在翻修马路、新建大楼，施工场所随处可见。加大了危险隐患。
社会福利	在老家可以享受农村合作医疗等一定的社会福利措施。	享受不到城市居民的社会福利保障。

想一想：这样的环境巨变，给我们孩子和家长带来了哪些安全隐患？对非正规教育组织的教师和家长提出了什么样的要求？

- 住处空间有限，就要求家长平时注意把刀、碗、电源插座、开水等危险物品放在孩子够不着的地方，并且告诉孩子不要碰，避免误拿误伤。
- 屋里拥挤、工作的地方棱角多，就要求家长平时多嘱咐孩子走路看路，养成良好的行为习惯。
- 交通环境复杂，车多人多，就要求家长平时多叮嘱孩子不要跑远；不要在施工场地停留嬉戏；不管去哪玩，出门之前一定跟大人打好招呼，说好一会儿就回来；家长隔段时间也找一找孩子在哪儿。
- 周围居民人员复杂，就要求家长之间相互之间打破隔阂，互相帮忙，发现谁家孩子做出危险行为，马上制止；发现谁家孩子处境危险，马上搭一把手，形成育儿互助。

……

你还想到哪些环境变化？这给家长提出了什么样的要求？给我们教师又提出了什么样的要求？

_____

_____

- 家长对孩子延续着老家的"放养"方式

然而，生存环境变了，家长却没有意识到生活环境的改变对自己、对孩子意味着什么，仍然延续着在老家的"放养"模式：平时顾不上孩子，孩子就在住处附近、市场周边、工地内外自由地奔跑、玩耍；"（孩子）去哪里玩我也不知道，到吃饭的时间自然就回来了"。家长疏于看护，孩子也没有建立起行为界限，不知道什么事情可以做，什么事情不能做，在好奇心和未知欲的驱使下，常常让自己置于险境。

［案例 6］危险的"跷跷板"

远远听见几个孩子一阵阵的欢笑声，原来他们在玩自创的游戏"三轮车跷跷板"。四个孩子坐在三轮车的车斗后方，然后大家喊口令一起使劲向后方用力压下去，三轮车的前轮立刻高高翘起，接着大家在向车斗前方使劲，高起的车轮"哐"地一声落下，就是这一起一落让孩子们觉得有趣、刺激。我看到真是惊出一身汗，倘若孩子们使劲过大，三轮车的车斗倒扣过来，或是孩子失手没有抓住车斗，被弹出来，该怎么办？

（摘自四环游戏小组志愿者日志，2005 年 4 月）

孩子"发明"出如此危险的游戏，很大一部分是出于好奇无聊、没人陪着玩、不知道怎么玩。只要家长多匀一些时间给孩子，情况就会好转很多。

面对这种情况，我们可以怎么做？

① 提醒家长，平时多嘱咐孩子两句：哪些是可以玩的，哪些游戏是危险的。

② 告诉孩子：放学后可以玩什么？可以画粉笔画、跟爸爸妈妈一起折纸、用爸爸妈妈做的玩具进行比赛、听爸爸妈妈讲宣传页上的故事、玩宣传页上的"走迷宫""找不同"，教爸爸妈妈今天新学的儿歌、早操，等等。

③ 向家长介绍一些简单易玩的亲子小游戏，比如"折纸游戏""翻绳游戏""挑棍"扑克牌的简单玩法、闲时自己动手做个毽子、拼图等，鼓励家长平时多分一些时间给孩子，工作或生意稍微闲一些的时候就能玩起来，孩子是非常愿意享受这样难得的亲子时光的，自然不会到处乱跑了。

只要平时多操一点心，就能够"把安全握在自己手中"。

[案例7]　好吃的蚂蚁药

藤藤在姑姑家玩。正巧姑姑买了一包蚂蚁药，剪开了一个口子，随手放在了桌上。包蚂蚁药的包装纸着实很好看，花花绿绿的，像极了小吃店里卖的零食。藤藤想里面一定装着好吃的东西，禁不住诱惑的她用手指蘸了一些津津有味的尝了起来。不一会儿，藤藤觉得肚子有些疼痛。这时候表哥进来了，看到桌上敞开口的蚂蚁药，询问后得知藤藤误食了蚂蚁药，立即送藤藤去医院。

（摘自四环游戏小组志愿者日志，2006 年 5 月）

面对这种情况，我们可以怎么做？

① 让孩子知道什么样的行为是不安全的，不能做；什么样的行为是安全的，可以做。

② 也可以请家长之间分享好的方法，相互支招。发挥家长之间的力量，相互影响，实现育儿互助。

③ 提醒家长注意到身边的这些安全隐患，提前消除。

④ 此外，还要提醒家长注意：事发后，最首要的不是指责，而是安抚。孩子受伤已经很难受了，吃一堑长一智，孩子以后就会记得，不需要再雪上加霜。只要父母事先考虑到了这些，把危险的东西收好，平时多嘱咐孩子一句，就可以避免。

比如，在四环游戏小组的家长会上，彤彤妈就"孩子乱吃东西"的问题给大家支招："从小我就告诉彤彤：想吃什么都可以，但一定要先跟妈妈说。有的东西能吃，有的东西不能吃，要是吃错了就得去医院。我家彤彤天不怕地不怕，就怕去医院，所以每次吃东西都先问我，不问我绝对不往嘴里放。现在已经养成习惯了。"彤彤妈正是通过日常生活中一句嘱咐，非常有效地消除了孩子误食的隐患，让孩子学会了自我保护。

（2）在农村

随着"建设社会主义新农村"口号的提出，农村的生活环境也在悄悄发生着变化。如果你正身处农村，请你观察周围的环境：是不是泥土地越来越少了、水泥地越来越多了？是不是小平房越来越少了，二层小楼越来越多了？是不是牛羊越来越少了，拖拉机、推土机、大卡车、小汽车越来越多了……环境的变化，是农村物质生活水平提高的表现，但与此同时，也不可忽视地剥夺了孩子接触大自然以及自由、安全活动的空间。

田地越来越少，农村的剩余劳动力越来越多，年轻的夫妻选择了离乡打工。留下孩子在老家，交由老人照顾。然而，孩子精力充沛，老人上了年纪，只能管到孩子吃饱穿暖，到点回家吃饭睡觉，其余的也是心有余而力不足。

[案例8] 爆炸事故离我们多远？

2009 年 11 月 12 日，广西贺州市平桂管理区公会镇爆竹作坊发生爆炸。事故中死伤的 13 名儿童全部为留守儿童，都是当地小学的在读学生。事故发生的原因很快查明：当地一个村民组织原料，在另一村民家中，利用小学生在课余时间非法加工爆竹，"工作"期间发生爆炸。公会镇杨会村的党支部书记告诉记者：目前全村百分之七十的青壮年都在外打工，小孩留在村上由爷爷奶奶和外公外婆照顾。由于老人身体状况和精力欠佳等原因，这些孩子大多比较自由，平时受到管束很少。

（腾讯网，2009-11-12）

面对这种情况，我们可以怎么做？

- 让孩子知道什么样的行为是不安全的，不能做；什么样的行为是安全的，可以做。
- 与老人沟通，提醒老人多问一句孩子去哪儿了，什么时候回来，嘱咐孩子保护好自己。
- 与村委会建立联系、勤沟通，就孩子的安全问题表达自己的看法，争取到村委会的支持，共同营造出孩子成长的安全大环境。

总之，这一群常年处于"放养"状态中的孩子，经常由于家长疏于看护而导致发生一些不该发生的事故。比如，从摊位上摔下、被家里放在地上的开水壶烫伤、误食在家里随意搁置的蟑螂药、误食可乐瓶里装着的洁厕灵……

因为疏于看护，我们的孩子容易发生哪些安全事故呢？从区域分布看，城市首位为车祸，农村首位为溺水；北方前三位是意外窒息、中毒、车祸；南方前三位是溺水、窒息、车祸[1]。此外，还有摔伤、磕碰伤、动物咬伤、走失、割伤、烫伤、触电、落入枯井等。

其实，只要家长能提前考虑到这些，多嘱咐一句，就可以让我们的孩子避免经受这些不必要的伤害。

二、如何看待孩子的安全问题

1. "关注" ≠ "监禁"

关注孩子的安全，绝不意味着把他们"监禁"起来，因为，他们是那样的生龙活虎，他们有趋利避害的本能，孩子的成长难免磕碰，他们需要"自由地成长"。但作为成人的我们在相信他们的同时，也需要对还不成熟的他们承担起责任，同时还要有所教育、提示和引导。

（1）这是一群生龙活虎的孩子

从本手册的前半部分，你已经了解到：我们所面对的是一群生龙活虎的孩子，他们个性奔放、无拘无束；父母很少管教，更给了他们自由奔跑的时间和空间。

在这群孩子里，我们常常看到这样的情景：4 岁的小不点儿在摊位间的狭窄通道里穿梭，冷不丁撞了额头，停下来自己揉揉，接着往前冲；孩子之间起了冲突，哪怕是小一点的孩子也毫不示弱，一拳头挥上去，用自己的方式解决问题……

正如你所看到的，这是一群个性较强、有点儿"野"，比较"皮

---

[1] 袁安香，范丰鹤，李砚. 儿童保健家长学校中安全教育的探讨 [J]，中国实用医药，2007（4）

— 131 —

实"，但是又很质朴天真、非常热情的孩子。从他们身上散射出来无穷无尽的活力，严丝密缝地契合着他们身处的生存环境，让他们拥有着小草一样顽强的生命力和适应力。等他们长大成人之后，这种顽强的生命力会伴随他们一生，让他们能够独立、面对困境不盲目自卑、面对挫折不轻言放弃——对任何一个人来说，这都是最为宝贵的财富。

（2）孩子的成长难免磕磕碰碰

其实，在孩子的成长过程中，一些磕磕碰碰在所难免。面对孩子的磕碰，我们完全不必大惊小怪。毕竟，我们生活的环境不是真空。在日常生活中。我们与各种各样的人打交道、接触各式各类的事物，没有所谓的"绝对安全"。活泼好动的孩子更像精灵，他们活力无限，喜欢在跑动中享受和煦的阳光、"啪"地倒在松软的泥土上，大口呼吸带着花香的微风。他们天生是要"自由地成长"的。初学走路时也许会不小心绊到桌脚，但很快就能学会小心谨慎地看路；和小伙伴争抢玩具时也许会忍不住大打出手，但慢慢也能学会用分享互助来解决冲突。正是在这些磕磕碰碰的过程当中，我们与周围的人、事、物发生了互动，逐渐积累起经验，从懵懂的孩子蜕变成长直至成人。

相反，如果非要以"保护"的名义把孩子禁锢起来，那么同时也就剥夺了孩子自由成长的权利，相应地，孩子也出现各种各样的问题：因为缺乏锻炼而免疫力低下、因为吃得太精太细而肠胃不好、因为营养过剩而肥胖、因为事事包办而胆小怕事、因为缺乏活动而身体动作不协调，活动能力欠缺更不用说自我保护而平地摔跤……相信这是任何一个父母和老师都不愿意见到的情形，然而不可否认这恰恰是目前许多城市幼儿园的孩子身上普遍存在的现象。从这个意义上讲，我们的孩子具有更为顽强的生命力，是非常难能可贵的。

（3）孩子有趋利避害的本能

祖先赋予了我们趋利避害的本能，从我们呱呱坠地开始就有所体现。回想你的孩提时代，尽管还不会说话，也知道用哇哇大哭和手脚乱蹬的方式来告诉父母：我饿了、我冷了；蹒跚学步时，就算走得跌跌撞撞，也知道要尽力不让自己摔倒。随着年龄的增长，这种与生俱来的本能更将不断地为我们所用，伴随我们一生。看过下面这个案例之后，你对这一点也许会有更加深刻的体会。

［案例9］ 我会蹲一蹲

在幼儿自由活动时，发现小豪、辰辰等几个男孩子喜欢从斜坡上跳下，但跳下时腿是直着落地，很容易摔倒甚至骨折，老师马上给以指导，告诉孩子落地时往下蹲一蹲，孩子很快就掌握了。沈国豪更是兴奋地跑回斜坡上，玩起了"跳—蹲"的游戏，动作一次比一次熟练。

（摘自四环游戏小组志愿者日志，2008.3.20）

然而，这个趋利避害的本能也是严格遵循着"用进废退"的原则。如果老是不用，也会退化。以下是一个典型的例子：

［案例10］ T不会走路的孩子

睿睿已经4岁了，身体健康、四肢健全，可走路还经常摔跤，这让我百思不得其解。直到有一天，我在幼儿园留到了放学，目睹了睿睿爸来接孩子的一幕：隔着老远，爸爸就打开双臂，睿睿也特别高兴，小脸都笑开了花，但是却坐在椅子上一动不动，等着爸爸跑到自己跟前，一把抱起。这个过程发生得如此自然，让我有些目瞪口呆。正常情况下，孩子不都是会自己迫不及待地跑到爸妈身边吗？主班刘老师看出我的惊讶，告诉我："这一幕几乎每天都会发生，睿睿父母年近40才得这么个女儿，宠爱得不得了，只要有大人在，从来都是抱在怀里，孩子很少有自己下地走路的机会。所以现在睿睿腿部肌肉发展比同龄孩子慢很多，不会走路，在幼儿园里经常走着走着就摔倒了。老师跟家长提过很多次，但家长就是听不进去，真为这个孩子发愁啊！"

（摘自志愿者在北京市某幼儿园见习的日志，2007年11月）

毫无疑问，我们当然不希望孩子变成温室里的花朵，禁不起风吹雨打；我们希望他们健康、坚韧、独立、自强、遇事有主见、行动有魄力。

我们希望孩子学会生存、学会生活、珍爱生命，那么，不妨就尊重孩子的自由，让他在健康主动的探索中参与真实生活吧。

2. "给他自由" ≠ "不管不顾"

与此同时，正如前面讨论过的，孩子毕竟是孩子，是弱小的生命，对身边的一切事物都充满好奇。他们对身边的危险缺乏基本的防范能力，对周围的自然环境和社会估计不足，而且没有足够的能力对自己行为的后果进行预期。如果把"给他自由"简单地等同于"不管不顾"，放任孩子而不加以管束，那么孩子也会时不时发生一些本不该发生的事故，用自己的安全来给我们敲响警钟。

看过以上案例，你是不是在为小豪和辰辰高兴、为睿睿叹息了？每个父母都不希望自己的孩子变成不会走路的废物，每个老师更不希望自己的学生总是受到伤害。那么，请你问问自己：作为非正规教育机构的教师，我希望我的学生成长为什么样的人呢？

[案例11]　下巴磕破了

这天早晨，4岁的田田像往常一样来到游戏小组。一进教室，老师就看见田田下巴上包着纱布。问了妈妈才知道，原来田田头天下午自己爬到三轮车上玩，从车上往下跳时，下嘴唇被竖在一旁的尖头铁棍给戳穿了。当时就流了好多血，田田吓坏了，一动不敢动，站着哭个不停。还好路过的涵涵妈看到，赶紧把她送回摊位。田田妈赶紧带孩子去医院，发现整个下嘴唇全被揭翻了，血肉模糊。田田妈心疼得不得了，又生气又自责："跟她说了多少次不要爬，她不听。我本来想过一会儿就来找找她的，摊上忙，走不开……"

（摘自四环游戏小组志愿者日志，2009.12.20）

保护和促进发展并不对立，而是相辅相成的。在孩子以活动促发展的过程中，我们可以做的很多。包括：帮助孩子发展他对周围环境的估计能力、帮助他更好地预见自己行为的后果、帮助他发展安全意识、帮助他学会自我保护的技能。在孩子自由探索和其他活动中，老师、家长都在扮演着支持者和安全环境创设者的角色。

也正因此，非正规教育的教师不一定要掌握多么高深的专业知识，但对孩子的责任心和呵护心，是最基础的，也是必须具备的。只要教师和家长平时多经一点心，提前看到可能性，及时把隐患消除，或是经常对孩子多嘱咐一句话，就可以避免。

三、把安全握在自己手中

作为非正规教育的教师，我们必须对孩子的安全尽责。具体怎么做呢？大致说来，首先，自己要认识到安全问题的重要性，发展与保护有关系，有经典的方法，并在可能的范围内做好防范工作；其次，唤醒家长作为法定监护人的意识，引导家长对孩子的安全负起责来；

再次，家园合作，让孩子学了做行为保护，学会自我保护；最后，与社区/村居委会建立联系，争取到社区的支持，合力共创安全大环境。

1. 教师职责一

我们自己首先需要具备高度的安全意识。

孩子有主动学习和自我保护的能力，他们学习和模仿的对象集中于教师和家长。只有教师自身时时将孩子的安全放在心头，才能在每天的教学活动及家长工作中影响孩子、感染家长。

［案例 12］　游戏小组的第一天

第一天当老师的感觉是兴奋的，但对于以后的行动，我心里又充满了太多的不确定。育儿支援行动进行了两周，同学们轮流到场组织活动，活动一般是儿歌、小游戏等，但我们发现目前单凭帮助农民工子女的良好愿望和热情并不足以支撑起教育的行动，我们的行动有太大的随意性和盲目性，家长对我们的行动也表现出了很大的不信任、不信服。今天就有两个孩子在做游戏时因为跑动太猛烈而撞倒，其中一个孩子膝盖磕出血来。虽然家长并没有说什么，但我心里深深地内疚：如果我能提前考虑到这一点，把游戏规则制定得更安全，提醒孩子们跑动时的注意事项，孩子也许就不会受伤。

（摘自《四环游戏小组的故事》，第 489 页）

家长把孩子送到咱们这儿来，就是对咱们的信任。孩子平平安安地送来，自然也希望孩子能平平安安地回家，这是教师不可推卸的责任，要求咱们平时更上点心，不能两手空空、脑子也空空地就"上阵"了，而是应该把活动准备得更充分一些，凡事多看一眼，多想一步。哪些地方需要我们多看一眼呢？

①组织活动之前：有意识地检查环境、提前清除安全隐患。

- 院子里是否有积水、积雪等，提前清扫；若无法完全清除，提醒孩子注意。
- 场地里是否有掉落的树枝、木棍、散落的砖头。
- 墙上、桌椅上是否有突起的钉子等。
- 孩子兜里有没有小刀、铁片、钉子、玻璃片、药片等危险品，若有，一定帮孩子收起来，并告诉孩子这些物品的危险性，要求孩子不玩这些物品。
- 接待来园时安抚孩子的情绪，让孩子能够安静、平和地参与到一日活动中来，避免因浮躁而引发的莽撞。
- 孩子着装是否适合活动：鞋带、裤子是否系好、帽子是否挡住眼睛等。
- 游戏之前，向所有孩子清楚、明了地介绍游戏规则，明确活动要求注意事项（如引导孩子讨论"要是我跑的时候眼看就要撞到人了怎么办？"可以停下来，也可以减速从他旁边绕过去……）。

②组织活动过程中：对孩子的行为习惯进行明确要求；对孩子的不安全行为及时制止、并抓住契机现场教育。

我们可以尝试要求孩子养成以下一些行为习惯：

- 走路轻轻、说话轻轻、做事轻轻。
- 玩具我会玩儿，玩完收放好。
- 见到老师问个好，放学再见摆摆手。
- 坐端正，背挺直，我的小手放膝盖。
- 户外游戏手拉手，我们都是好朋友。
- 说话和气有礼貌，借用东西保管好。
- 我是小小解放军，走路抬头向前看（走路时要看路，不东张西望，不横冲直撞）。

• 遵守游戏规则（规则的制定应充分考虑到安全因素）。

③活动结束之后：做好善后收尾工作。

• 离开教室之前，断开电源、锁好门窗。

• 记录孩子发生安全事故的意外事件，及时与其他教师沟通，共同商议对策。

④需要在教室里准备一个小药箱。

• 小药箱里常备药品包括：红药水、紫药水、医用酒精、药棉或医用棉签、创可贴、好得快喷剂、正红花油、风油精、医用纱布等；夏天则添上藿香正气水、仁丹、十滴水等防暑常备药。

• 外出活动时，一定带着小药箱，以备不时之需。

2. 教师职责二

我们有责任引导家长意识到生活环境中的隐患，增强安全卫生意识

孩子生活中的绝大部分时间是和家长一起度过的，家长是孩子的法定监护人，对孩子的安全负有不可推卸的责任。同时，孩子经验能力缺乏、模仿能力强，非常容易受到家长观念和行为的影响。只有家长的安全意识加强了，孩子才会有真正的安全。事实上，很多情况下，孩子出事都是因为家长养护的疏忽，是本来不必发生的，只要稍微尽一点心，就可以避免的。因此，提升家长的安全意识应当放在教师安全工作的首位，通过宣传和讨论，让家长充分意识到：

• 孩子的安全教育并不仅仅限于在非正规教育机构里，事实上，机构提供的服务时间有限，老师能做的比较少，更多还要依赖

于家长，在日常的家庭生活中对孩子进行潜移默化的教育。

- 以小手脏时，引导孩子饭前洗手、便后以及手脏时洗手，给孩子身上带一块手绢，用来擦鼻涕、擦汗、擦手，每天清洗，可以让孩子学会自己洗手绢。给孩子勤洗澡、勤换衣服、勤剪指甲，让孩子养成讲卫生的习惯。

- 春秋季节注意给孩子添减衣物、预防季节传染病。

- 夏天注意多开窗通风，给孩子穿透气、散热的棉质衣服；提醒孩子多喝白开水，适当补充一些淡盐水；夏天不在日光下剧烈运动，跑动之后要安静休息一会儿，预防中暑；家里常备藿香正气液（水、丸、胶囊）、十滴水、人丹、暑症片等中药，以备不时之需。

- 鼓励孩子多吃水果和蔬菜，吃饭不挑食，少吃零食和冰棍；养成良好的生活卫生习惯。

- 平时要注意一些生活细节，比如家里的锅碗刀剪都要收好、放开水和插电板的地方想办法围起来让孩子够不着。

- 家里的蟑螂药、老鼠药、洁厕灵等药物都收好，放在孩子够不到的地方；并嘱咐孩子：这些东西不能吃，以防食物中毒。

- 尽量把孩子带在身边，减少孩子一个人在家的机会。如果迫不得已只能留孩子一人在家，告诉孩子：一个人在家可以做什么？并准备好相应的材料。一个人在家不能做什么？并告诉孩子不能的原因。

- 给孩子准备合适运动的衣、鞋，比如不要让孩子穿着拖鞋就出门到处跑。

- 平时多嘱咐孩子两句，要求孩子出门前跟家里打声招呼，说好多久回来；隔段时间找一下孩子，以防走失。

- 嘱咐孩子：自己玩的时候，哪些游戏是可以做的、哪些行为是危险的（比如：不要在摊位上爬高、不钻到别人的车里、不捡地上的东西吃、不在街上玩，走路的时候看车、慢慢走别着急、不猛跑、猛拐、过马路如何看红绿灯等），帮助孩子建立行为界限。

• 鼓励家长给孩子办理意外伤害保险。这个群体的家长往往认为"保险公司净是骗钱的""能出什么事啊？用不着买保险，瞎折腾钱"。基于这种认识上的误区，家长们对"办理保险"是毫不在意甚至持有敌意的。但恰恰这个群体最需要办理保险，因为他们享受不到城市的医疗福利，而且生活环境中存在着诸多安全隐患，如果不办理意外伤害险，一旦出事，所有后果只能全由自己承担，这对辛辛苦苦打拼的他们来说，无疑会是一记重创；而保险是集众人之力解决个体一时之需，防范"万一"，办理保险之后，至少能在经济方面给自己留一道保障。

在对家长进行安全教育、开展安全宣传工作时，可以通过以下各种各样的形式展开。

• 采取面对面交流的形式，包括教师到摊位与家长进行"一对一"的沟通和家长会上的群体沟通讨论等。通过面对面的交流，教师可以深入了解家长的安全教育观念、孩子的安全状态、安全行为，及时地作出反馈，并据此对下一步安全教育计划进行调整。

• 每天发放日常宣传页和在家长会上发放专题宣传页，内容可以结合孩子近期的安全状态和季节特征，如春秋预防疾病、夏季饮食卫生、冬季保健、免疫接种、办理保险等编写，起到提醒家长、或帮忙出点子的"帮手"作用。以发生在身边的事故为例，作为安全教育的契机，提醒家长怎么做就能避免这些问题。还可以请家长们谈谈自己的想法、分享自己的心得、有什么预防的好办法，等等，由家长一起想办法来探讨解决。通过各种方式，让家长成为合格的监护人，把安全按在自己手中，并为孩子树立起安全行为的榜样。

3. 教师职责三

教育孩子，让孩子认识到哪些是危险的行为，学会自我保护。

孩子是安全教育的对象，也是活动和保证自己安全的主体。孩子这会还小，所以需要大人的关注。但他们是不断成长的，终会离开父母的庇护独立生存，因此必须教会他们从小学会自我保护。正如前文提到：等他们长大成人之后，自我保护的能力会伴随他们一生，让他们能够独立、面对困境不盲目自卑、面对挫折勇于承担和不轻言放弃——对任何一个人来说，这都是最为宝贵的财富。

在教育组织内对孩子实施安全教育，内容包括三个方面：安全和自我保护意识的培养、安全知识和技能的教育、养成遵守安全规则的习惯。安全教育可以通过多种形式展开：

①在常规教育中渗透安全意识

孩子的安全自护意识应该从日常的常规习惯培养开始。尤其是初进入机构的新孩子，或者是在每个新学期之初，孩子常规薄弱、对一日生活中各个环节和各项活动的具体要求并不十分清楚或是已然谈忘了，此时开展常规教育首当其冲。利用非正规教育"天然混龄"的优势，通过"以大带小"，促进新孩子和小孩子养成良好的卫生行为习惯；提倡互相友爱，减少攻击性行为，巩固大孩子的行为习惯。让孩子知道什么时候怎么样做是对的，怎么样做是不对的，同时并需要长期监督、经常提醒、不断强化，逐步形成自觉的行动。例如，在玩玩具的过程中教给孩子拿剪刀的正确方法、知道送玩具回家、半日活动结束之后评选"友爱宝宝"等，帮助孩子建立行为界限。

②在主题活动中进行安全意识的教育

根据安全教育的内容，设计一系列主题活动，以孩子感兴趣的形式，有计划地开展。在安全领域范围内，全面均衡地展开。必要时可结合突发事件，把握引入教育的契机。如开展"放学了可以去哪里玩""安全标识知多少""奇怪的可乐""我会洗小手"等主题活动，引导孩子关注自身安全，学会自我保护，并在不断的反复强调中形成习惯。

③发挥非正规教育机构的辐射作用，争取所在社区的支持，合力营造安全大环境。

非正规教育机构依托于社区而存在，是社区里的教育中心和文化中心，教师身负着宣传正确育儿理念的重任。包括：

① 与社区居委会建立联系，勤走动，多沟通，在沟通的过程中表达幼儿安全需要重视的理念。

② 请社区工作人员、居民随时关注孩子，一旦发现安全隐患及时清除、发现孩子做出危险行为立即制止。

③ 和社区的工作人员一起，养成良好的文明、卫生习惯，不乱扔烟头，不随地吐痰，不说脏话，不教孩子抽烟等，建立文明社区。

④ 与社区居委会一起提醒和宣传家长：如果遇到危险情况，如何带着孩子逃生。

⑤ 对生活环境中的小小细节给居委会以善意的提醒，合力营造安全的大环境。比如，提醒社区居委会在社区里安放消防安全设施，加强对消防设施和器材的日常维护，并设置消防安全标志，保证疏散通道、安全出口和消防车通道畅通；问问社区居委会在对社区周边环境的改造过程中，对施工材料的

堆放、下水道井盖的维修、交通警示标志的完善、不法商摊的取缔等有没有相应的举措等。

如果说家庭是孩子生活的微观环境、咱们的非正规教育机构是中观环境，那么社区则可称为较大范围的宏观环境了，如果这个环境里的全体人员能够齐心协力、共同营造出有利于教育和安全的大环境，孩子的安全才真正有了保障。这需要全体教师的共同努力，做好社会宣传，并主动与居委会、村委会及社区各方面沟通，以便形成教育合力。

四、意外事故处理小锦囊

在任何一个机构里，安全工作都只能做到尽量营造安全的环境，意外事故不可能完全杜绝。通过努力，我们可以尽量降低其发生率。而一旦发生安全事故，我们教师还必须具备一定的急救技能，以备不时之需。这里列举一些最常见的意外伤害的急救措施，供大家参考。

1. 外伤出血

外伤出血一般有三种情况，要用不同的方法处理：

（1）皮肤表层浅的划伤和擦伤

先用肥皂和干净水清洗伤口，然后涂抹抗菌软膏，再贴上"创可贴"或扎上绷带，绷带的压力通常能促使血液在伤口处凝固。

（2）出血较多或伤口较深

用干净的布条牢牢地压迫伤口。如果伤口在腿上或手上，要抬起受伤的肢体，使伤口高于心脏。经过3～4分钟的直接压迫后，检查一下血是否止住；如果血没有止住，应该继续压迫伤口。血止住后，用干净水清洗伤口，然后再涂抹抗菌软膏，以防感染和减少结疤的可能性，之后再用干净的布条（有条件的话，可以使用无菌绷带）包扎伤口。

（3）出血不止

在出血很多的情况下，应用手指压动脉止血，即压迫供应出血区域组织的动脉来达到止血目的。此方法适用于头部和四肢某些部位的大出血。严重的话，立即送到最近的医院处理。

2. 中暑

一旦发现孩子有中暑的症状，应采取以下措施：

①立即将孩子移到通风、阴凉、干燥的地方。

②让孩子仰卧，解开衣扣，脱去或松开衣服。如孩子的衣服已被汗水湿透，应及时给孩子更换干衣服，同时打开电扇，以便尽快散热，但风不要直接朝孩子身上吹。

③快速降温，使孩子的体温降至38℃以下。具体做法是：用湿毛巾冷敷孩子头部，或给孩子洗温水澡。

④在孩子意识清醒前，不要让孩子吃东西或喝水；意识清醒后可让孩子喝绿豆汤、淡盐水等帮助解暑。

3. 食物中毒

食物中毒最常见的症状是剧烈的呕吐、腹泻，同时伴有中上腹部疼痛。一旦发现孩子误食而造成食物中毒，应采取以下做法：

①如果症状轻，可卧床休息。如果仅有胃部不适，多喝温开水或稀释的盐水，然后手伸进孩子的咽部催吐。

②如果症状比较严重，因上吐下泻而出现脱水症状，如口干、眼窝下陷、皮肤弹性消失、肢体冰凉、脉搏细弱、血压降低等，必须补充水分，有条件的可输入生理盐水。灌绿豆水也是一种不错的解毒办法。

③如果症状还不见好转，则需要马上请医生进行治疗。

4. 耳、鼻、眼进东西

（1）耳朵里进东西

最常嵌入孩子耳内的是豆类、纽扣等小物品，大多由孩子自己或和他一起玩的小朋友将异物塞入；小昆虫也可飞入耳内而不能出来，但极罕见。

① 不要急于用火柴梗、发卡伸进耳道内乱挖。

② 如果是玩具、小纽扣等异物，让孩子向下倾斜异物入耳一侧头部，单脚跳几次，进入的物件可掉出来。

③ 如果是小昆虫，用手电筒照外耳道，同时将另一边耳朵堵住，让孩子闭上嘴，引诱小昆虫爬出来。或是把香油、豆油或花生油滴到耳朵里，把虫子闷死，然后倾斜头部，让它掉出来。

④ 如果是豆粒、花生等异物，可用95％的酒精或60°高粱白酒滴入耳，使异物脱水缩小，或是送社区保健区处理。

（2）鼻腔进东西

孩子自己或其伙伴无意中将异物放入鼻内，最初成人及孩子可能都没有注意，两三天后，鼻出血或由受伤鼻孔流出带血的、有臭味的鼻涕时才发觉。成人平时就应该注意提醒孩子注意这方面的安全。如果出现这类安全事故，可以这样处理：

① 让孩子头低下，一人固定头部；另一人用钩子将异物钩出。

② 对表面光滑的圆形异物如花生米类，要注意不宜用钳子夹，以免将异物推向鼻腔深处，甚至推入鼻孔后而导致掉入气管。

③ 如果孩子较大并能与大人配合，可叫他用一只手指堵住无异物一侧的鼻子（或者替他做），然后有异物的一侧鼻孔擤鼻涕，可使异物松动滑出。如果孩子年纪太小，则千万不要这样做，因为这样可能反把异物吸入呼吸道的深部。

④ 让孩子仰卧，用光照亮鼻孔，如看到异物近鼻孔出口处，可用镊子夹出；如异物反而向鼻腔后方移动，就不要再动，迅速去医院就诊。如果孩子出现呼吸困难，需迅速送急诊室处理。

（3）眼睛里进东西

① 眼内进入沙尘类异物时，用两个手指头捏住上眼皮，轻轻向前提起，往孩子眼内吹气，刺激流泪冲出沙尘。也可翻开眼皮查找，用干净的纱布或手绢轻轻带出沙尘。也可用流动水冲洗出异物。

② 如果眼内进入的是铁屑类或玻璃、瓷器类的危险颗粒，切忌揉搓或来回擦拭眼睛，尤其是黑眼球上有嵌入物时，应让孩子闭上眼睛，然后用干净酒杯扣在有异物的眼上，再盖上纱布，用绷带固定去求医，让孩子尽量不要转动眼球。

③ 如果不幸有硫酸、烧碱等具有强烈腐蚀性的化学物品进入眼内，现场急救时对眼睛及时地冲洗是避免失明的首要保证。要立即就近寻找清水冲洗受伤的眼睛。

④ 冲洗时，眼朝向下方，用食指和拇指扒开眼皮，尽可能全部冲出腐蚀性化学物品。若附近有一盆水，让孩子立即将眼睛浸入水中并不停眨眼。如果孩子太小，可以用手帮助孩子做眼皮开合的动作。

⑤ 如果是生石灰进入眼里，不能用手揉，更不能直接用水冲洗。因为生石灰遇水会生成碱性的熟石灰，同时产生大量热量，反而会烧伤眼睛。正确的方法是，用棉签或干净的手绢一角，将生石灰抖出，然后再用清水反复冲洗至少 15 分钟，冲洗后须立即去医院检查和治疗。

⑥ 如果耳、鼻、眼进入异物，采取简便方法无效，应就近送医院便孩子得到及时救治。

（4）被动物咬伤

被动物咬伤以后，正确的处理方法是：

① 应以最快速度就地用大量清水冲洗伤口。如果不能快速找到水，可先用人尿代替清水冲洗，然后再设法找水。

② 冲洗伤口要彻底、认真，这对抢救成败起着决定作用。冲洗时要用力挤压伤口周围，把伤口上的血液和动物唾液冲洗干净。

③ 除了就地、立即、彻底冲洗伤口，不要对伤口做任何其他处理。千万不要包扎伤口或在伤口上涂药，这些行为都有可能延误治疗时机。

④ 孩子被动物咬伤或者抓伤之后，成人不能因为只是一个小伤口而轻视，应该立刻送孩子到医院打预防针。因为狂犬病的死亡率极高，一旦发病几乎无药可治；而且狂犬病有一定的潜伏期，并不是被咬之后立即发病。

（5）溺水

一旦发生溺水，应分秒必争地进行抢救，一定要注意现场抢救或者边抢救边转送，千万不要只注重送往医院，而不进行现场急救，因而贻误抢救的关键时机。抢救的方法有：

①迅速倒出积水

孩子救出水面后，应立即倾倒出体内尤其是呼吸道内的积水，成人可将孩子的腹部扛在自己的肩部，让孩子头在前，足在后，快步奔跑，借跑步的颤动，让孩子呼吸道内的积水迅速排出。与此同时，成人可用双手举起孩子的双手边跑边颤动孩子的双手，一方面促进呼吸道水外流，一方面起到人工呼吸的作用。

②疏通呼吸道

若孩子尚有心跳呼吸，应立即撬开口腔，清除口鼻内的淤泥、烂草、呕吐物等，将孩子舌头拉出保持呼吸道通畅，同时可用手掐孩子的人中穴位。

③人工呼吸，恢复心跳

如果孩子呼吸、心跳停止，应立即口对口人工呼吸和心脏按压，若现场有 2 人，一人心脏按压，另一人口对口呼吸；将孩子头部充分后仰，口对口呼吸 1 次，随后心脏按压 4 次，吹气与心脏按压交替进行。若现场仅 1 个人，成人可以先吹气 2 口，然后做 8 次心脏挤压，反复进行，也能收到较好的效果。

④急送医院继续抢救

孩子经以上处理，呼吸心跳恢复后，不要以为万事大吉，因为还有可能出现肺部、心脏及脑的并发症，一定要迅速护送孩子到就近的医院，继续进行抢救治疗。

（6）水火烫伤

水火烫伤处理的原则是首先除去热源，迅速离开现场，用各种灭火方法，如水浸、水淋、就地卧倒翻滚、立即将湿衣服脱去或剪破、淋水，将肢体浸泡在冷水中，直到疼痛消失为止。还可用湿毛巾或床单盖在伤处，再往上喷洒冷水。

对局部较小面积轻度烫伤，可在家中施治，在清洁创面后，可外涂京万红、美宝润湿烧伤膏等。对大面积烫伤，宜尽早送医院治疗。总的来说，水火烫伤按照严重程度可分为三种：

① 一度烫伤（红斑性，皮肤变红，并有火辣辣的刺痛感）：应立即脱去衣裤后，将创面放入冷水中浸洗半小时，再用麻油、菜油涂擦创面。

② 二度烫伤（水泡性，患处产生水泡）：大水泡可用消毒针刺破水泡边缘放水，涂上烫伤膏后包扎，松紧要适度。

③ 三度烫伤（坏死性，皮肤剥落）：应用干净布包住创面及时

送往医院。切不可在创面上涂紫药水或膏类药物，影响病情况观察与处理。

结语

最后，我们准备了一个教师常用资料包，涉及在教育活动中可以使用的儿歌、各种游戏、玩具制作等内容，希望它们能够为您组织教育活动助上一臂之力！